全国高职高专经济管理类"十四五"规划
理论与实践结合型系列教材·电子商务专业

电子商务运营数据实务

主　编　孟　彧　曹春花　蒋　博
副主编　钟伟岚　赵　欣　杨冬梅
　　　　刘婷婷　陆佳玮　詹　静
　　　　庄新美子　盛朱勇　钟一杰

华中科技大学出版社
http://www.hustp.com
中国·武汉

内容提要

大数据时代背景下数据化思维已全面渗透到电商行业中,数据分析与管理已经成为电商运营过程中不可或缺的一项技能。数据分析可以为企业创造更多的商业价值,帮助企业规避或者减少风险带来的损失从而为企业解决问题。本书理论结合实际,系统地阐述了电商运营数据的基本概念、运营数据的统计与整理、网店访问数据的分析、网店商品数据的分析、网店销售数据的管理与分析、网店供应链数据的管理与分析、网店用户数据的管理与分析以及网店运营报告制作等内容,思路明确,逻辑清晰。

本书适用于高职高专院校电子商务等专业的相关课程教学,也适合广大电子商务研究人员与从业人员参考和学习。

图书在版编目(CIP)数据

电子商务运营数据实务/孟彧,曹春花,蒋博主编.—武汉:华中科技大学出版社,2021.1(2023.2 重印)
ISBN 978-7-5680-6851-2

Ⅰ.①电… Ⅱ.①孟… ②曹… ③蒋… Ⅲ.①电子商务-商业经营-数据处理 Ⅳ.①F713.365.2

中国版本图书馆 CIP 数据核字(2021)第 017260 号

电子商务运营数据实务 孟 彧 曹春花 蒋 博 主编
Dianzi Shangwu Yunying Shuju Shiwu

策划编辑:聂亚文
责任编辑:刘姝甜
封面设计:孢 子
责任监印:朱 玢

出版发行:华中科技大学出版社(中国·武汉)   电话:(027)81321913
　　　　武汉市东湖新技术开发区华工科技园   邮编:430223
录　排:武汉创易图文工作室
印　刷:武汉市首壹印务有限公司
开　本:787mm×1092mm 1/16
印　张:11
字　数:296 千字
版　次:2023 年 2 月第 1 版第 2 次印刷
定　价:38.00 元

本书若有印装质量问题,请向出版社营销中心调换
全国免费服务热线:400-6679-118 竭诚为您服务
版权所有　侵权必究

前言

PREFACE

随着互联网技术的逐渐发展,电子商务已经渗透人们生活的方方面面。电子商务运营过程中会产生海量的业务数据,面对数据的"汪洋大海",电商运营者如何挖掘出对电商企业经营管理有价值的问题、风险、规律等作为决策依据?如何实现数据价值挖掘由"大海捞针"到"有的放矢"的转变?这些问题亟待思考与解决。

本书采用了理论与实践案例相结合、理论与业务模型相结合的介绍方法:首先介绍了数据与电子商务运营数据的基础知识;然后介绍了进行数据分析的基本方法及工具,从流量数据、商品数据、销售数据、供应链数据以及用户数据五个方面展开对电商运营数据的分析介绍,且每个部分都配以案例,使得对知识的理解更为直观;最后介绍了网店运营报告的制作方法,"手把手"地教读者制作网店运营报告。

本书编写特色如下:

(1)条理清晰、学以致用:本书的编写以运用为中心,内容注重实操性,用简洁、精准的语言描述所有知识点,以满足读者希望快速掌握操作方法与技巧的需求。

(2)图文并茂、寓意于形:本书内容通俗易懂,通过演示网店各项数据分析的操作过程,带领读者熟悉具体操作步骤及流程。同时,本书对相关知识点进行了丰富和拓展,以便读者掌握更多的知识与技能。

(3)配套教材、资源丰富:为了使本书内容既适合电商运营者学习、参考,又能广泛应用到院校课程教学中,本书配有同步教学素材,包括微课、PPT、案例素材等立体化学习资源(如需资源请发送邮件至1129112545@qq.com),以帮助读者构建全方位的知识体系。

本书由孟彧、曹春花、蒋博任主编,钟伟岚、赵欣、杨冬梅、刘婷婷、陆佳玮、詹静、庄新美子、盛朱勇、钟一杰任副主编。

随着技术不断发展,数据化管理在进步,对运营数据分析的认知也在不断发生变化。尽管编者在编写过程中本着细心、认真的原则,力求准确、完整,但不可避免地会存在一些不足的地方,敬请广大读者批评指正!与各位读者共同学习,共勉之!

编 者
2020 年 5 月

目录

CONTENTS

项目1　夯实基础：了解电商运营数据/1

1.1　初识数据 …………………………… 2
1.2　电子商务与运营数据 ………………… 8
1.3　运营数据分析 ………………………… 17

项目2　去伪存真：数据统计与整理/24

2.1　数据采集 …………………………… 25
2.2　数据整理 …………………………… 31
2.3　数据分析工具 ……………………… 38

项目3　流量诊断：把握网店访问流量端口/43

3.1　认识网店访问数据 ………………… 44
3.2　网店访问量增长分析 ……………… 47
3.3　访问量流失分析 …………………… 56
3.4　转化率分析 ………………………… 65

项目4　精挑细选：商品数据化管理/71

4.1　认识商品数据 ……………………… 72
4.2　商品定价分析 ……………………… 76
4.3　商品的关联销售分析 ……………… 87
4.4　商品评价统计分析 ………………… 96

项目5　多多益善：销售数据化管理/103

5.1　认识网店销售数据 ………………… 104
5.2　产品销售数据分析 ………………… 106
5.3　退货、退款的统计分析 …………… 112

项目6　面面俱到：供应链数据管理/121

6.1　供应链数据分析 …………………… 122
6.2　仓储数据分析 ……………………… 124
6.3　物流数据分析 ……………………… 129

项目7　用户至上：用户数据化管理/139

7.1　用户信息分析 ……………………… 140
7.2　用户价值分析 ……………………… 147
7.3　用户画像 …………………………… 154

项目8　融会贯通：网店运营报告制作/161

8.1　了解网店运营报告 ………………… 162
8.2　制作网店运营报告 ………………… 166

参考文献 …………………………………… 172

项目 1

夯实基础：
了解电商运营数据

项目概要

随着数据化思维全面渗透到电商行业中，数据分析与管理已经成为电商运营不可或缺的一项技能。本项目介绍了数据的概念、数据的价值、数据分析的流程等，旨在引领读者建立一个全面的数据观。

学习目标

1. 理解数据的概念。
2. 掌握数据的价值。
3. 能准确把握数据分析的概念。
4. 熟练掌握数据分析的流程。
5. 理解数据分析师应具备的基本素质。

1.1 初识数据

分析数据是为了给企业带来更大的商业价值以及帮助企业规避或减少风险带来的损失，提高数据质量，为企业解决问题。"数据分析"，先有"数据"，后有"分析"。认识数据是分析数据的前提。

1.1.1 数据的概念

在计算机科学中，"数据"是指能输入计算机并能被接收、处理的符号介质，是可用计算机处理的、具有一定意义的数字、字母、符号的统称。不过，随着计算机存储对象越来越复杂及庞大，表示对象的数据也越来越复杂及多元化。

网店数据是对网店商品进行记录的符号，是对商品性质、状态及关系进行记载的符号的组合，换言之，它是可识别的抽象符号。例如，"0""1""2""3""4""PV""UV"这些数据符号的组合是数据，"价格""标题""库存""成交金额"等文字形成的记录档案也是数据。

数据和信息、知识既有联系，又有区别。

"数据"是原始材料，它只客观描述发生的事情的内容，表现形式及载体可以是符号、数字、语言、图像、视频等，并不提供对于某一行为的解释或判断。

"信息"是对数据进行加工处理，使数据之间产生某种联系，因而具有关联性和逻辑性。它通常包含某种类型的因果关系，以解释时间、地点、人物等相关问题。信息的最终目的在于影响其接收者对事物的看法，从而调整接收者的判断或决策。

"知识"是人们在改造世界的实践中所获得的认识和经验的总和，它不仅仅是数据和信息的叠加，而是可以用于指导实践的信息。

"啤酒与尿布"的故事

"啤酒与尿布"的故事发生于20世纪90年代的美国沃尔玛超市中。沃尔玛超市的管理人员在分析销售数据时发现了一个令人难以理解的现象：在某些特定情况下，啤酒与尿布这两种看上去毫无联系的商品会频繁地出现在同一个购物车中。这种独特的购买现象引起了超市管理人员的注意。后续跟踪调查发现，这种购买情况多出现于年轻父亲身上。

在美国有婴儿的家庭中，一般是母亲在家里面照顾孩子，年轻的父亲外出购物。当父亲在超市购买尿布时，也会顺便为自己购买啤酒，这样就出现了之前超市管理人员发现的现象。如果某家商店只能提供这两件商品其中之一，则年轻的父亲很有可能会放弃这家商店而去另一家可以同时买到啤酒与尿布的商店。

1993年，美国学者阿格拉沃尔提出，通过分析购物车中的商品集合，可找出商品之间的关联算法，并根据商品之间的关系，分析客户的购买行为。

结合这一情况，沃尔玛超市管理人员从客户心理因素的角度出发，对客户的消费行为进行了大量的观察，确定了"啤酒"与"尿布"之间确实存在关联关系。

"啤酒与尿布"的故事中,"啤酒""尿布"及其销量就是数据,而"啤酒与尿布"故事背后的技术支持是一个数据处理的过程。通过数据处理,沃尔玛超市管理人员得出了一条重要信息——啤酒与尿布经常会同时出现在同一购物车中。

在特定情况下,"啤酒与尿布"的数据就成了有意义的信息中的关键指标。信息虽然表明了数据中的一些关键元素,但是由于它和当时情况的关联性未知,也就是说,不能通过简单的算法就认为"啤酒"与"尿布"之间互相关联。"啤酒与尿布"数据也有可能受到某种因素的干扰,我们还需分析其他可能的干扰因素,如这些啤酒与尿布同时出现在购物车是否具有规律,超市是否同时对啤酒与尿布进行了促销等。因此,信息不能作为做出判断或决策的依据。只有对客户行为进行大量观察,才能确定"啤酒"与"尿布"二者之间的联系,从而得到"啤酒"与"尿布"的关联关系这一"知识"。

综上所述,数据、信息、知识的关系如图 1-1-1 所示。

图 1-1-1　数据、信息、知识的关系

数据与信息、知识的区别在于,数据是原始的、彼此分散孤立的、未被加工处理过的记录,它是形成信息的重要材料,但是不能回答特定的问题。

信息与知识的区别在于,它们回答的是不同层次的问题,且信息可以由计算机处理获取,而知识只能依靠人们在实践经验中获取。

课外拓展

数据→信息→知识,是从低级到高级的认识过程,随着层次的提高,外延、深度、含义及价值也在不断增加。数据是信息的源泉,信息是知识的子集或基石。信息是数据与知识的桥梁,知识反映信息的本质。

◆ 1.1.2　数据的价值

完善的数据体系是数据在网店运营过程中发挥价值的基本前提。在网店日常工作数据产出中,数据的价值一般可以从数据统计、数据管理、数据专项挖掘分析及数据驱动四个维度进行分析,如图 1-1-2 所示。几乎所有的网店数据价值都有以上四个维度,不同的只是各维度所占的权重大小而已。

1. 数据统计

数据统计作为一个连接网店业务和后端运营的"中间件",具有信息沟通的作用。在经营网店的过程中,网店业务产生的数据最终以统计的形式呈现,从而为网店业务决策提供依据。大部分的数据统计是需要通过技术开发形成固定的体系。如果发生突发性事件,则需要人工整理和汇总数据。

一般来说,数据的日常统计根据频率及周期的不同可分为每日统计、每周统计、每月统计、每季统计及每年统计等,统计的内容也会因网店的需求不同而有所差异,但是基本的框架不外乎周期内统计各个运营环节的关键绩效指标(key performance indicator,KPI)陈列、

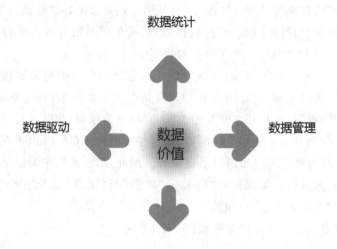

图 1-1-2　数据价值的四个维度

进行数据对比以及简单分析,通过对周期内数据的简单分析来进行网店业务的诊断,把握行业发展的趋势及异同,从而为网店重点业务的优化及改善提供准确、科学的数据支撑。完成数据统计后,通常可通过自动发送邮件或短信、在线查看等方式形成接入数据。

很多网店已经实现了自动化或智能化数据统计,无须人工参与。但是对于部分未实现智能化的网店及领域,人工统计仍是主流。在处理相关工作时,我们首先要懂得时间把控,过滤无价值需求,然后在网店内部建立数据工作流程和机制。真正的数据驱动型网店必定需要每个业务人员都具有数据意识和数据统计能力。

通过统计的方式,能够把隐藏在数据内部的关系和规律更加清楚、明确地展现出来,让人一目了然,使数据更好地为网店业务决策提供依据。但是,如果将数据价值局限于此,数据工作显然没有意义。

2. 数据管理

很多网店都有数据管理岗位,这一岗位的设置源于网店内部数据安全性的需要。网店通过科学有效的数据管理来把控数据的输入和输出,确保数据质量稳定及机要数据的不外泄。没有数据,数据管理就是无源之水、无本之木,无从谈起。

网店的数据安全非常重要,而数据管理就是保障数据安全的关键环节。数据管理一般包括用户权限、数据配置、数据权限、数据导入、数据导出等相关的管理工作。

用户权限管理一般包括用户的新增、删除、重置、过期设置及共享等。涉及销售等的行业对数据是极其敏感的,因此,很多网店对数据的权限做了特别的声明以进行控制,控制数据、管理数据的重要性不言而喻。

数据配置管理是系统开发过程中演化出的重要的质量保证活动。有效的数据配置管理是系统或项目成功的关键。由数据配置管理衍生出一系列技术、方法及管理工具,常见的有数据存储控制、安全控制、并发控制、进程控制、结构控制等。

数据权限管理指的是允许或拒绝用户进行针对某个数据的新增、删除、修改及查找操作,主要针对数据的保存、新增、删除、更新、合并、拆分、导出、打印等。

数据导入管理包括对导入格式、时间、条件、异常处理、规则、记录数、来源等的管理。

数据导出管理包括对数据导出格式、条件、时间、位置、加密、记录数等的管理。

网店需要通过数据管理的规范化，统一出入口，分类建库，保证数据的准确性，避免由于个人原因导致数据混乱或出现差异，从而影响数据价值的体现，甚至导致网店数据泄露，影响网店数据的安全。

3. 数据专项挖掘分析

数据专项挖掘分析是指，针对某一特定课题或需求，采用专项分析或长期课题分析的形式对数据进行深入挖掘和分析，以期对网店的业务发展提供相应的价值参考。很多网店的数据工作的重点就在于通过数据专项挖掘分析来发挥数据应有的价值。

针对不同的业务需求，常见的数据专项挖掘分析可分为市场分析、营销分析、运营分析、会员分析、销售分析、移动分析、用户体验分析等模块。

各类数据经过有效挖掘和分析整合，可以帮助网店由原来从已知用户行为数据中提取关键价值点演进到依据未知的用户推导结论辅助已知的业务进行优化，从而转化成能够被网店充分、合理运用的价值参考。同时，数据本身的价值在分析的过程中逐步突显。

4. 数据驱动

数据驱动是使数据从辅助角色向决定性角色转换的重要方式，但其也建立在其他数据支持体系的构架和完善之上。

首先，数据驱动以成熟的数据方法论为基础。知识或经验是在进行日常统计、数据专项挖掘分析的过程中逐渐积累与形成的，与网店内部环境息息相关，需要"定制开发"。

其次，数据驱动需要良好的网店需求环境。前期数据通过统计、专项挖掘分析等方式，辅助网店决策。直到数据驱动环节，才有了利用数据的需求，也就是让数据决定网店业务的方向。如果没有前期的铺垫，数据驱动是无法实现的。

换言之，数据驱动以数据统计、数据管理、数据专项挖掘分析为基础，促使数据的价值不断升华，从而为网店发展趋势及多业务对象的选择提供辅助数据依据。

◆ 1.1.3 数据分析的流程

数据分析本身不是目标，数据分析的目标是促使网店做出更好的决策。数据分析师必须构建产品概念，让组织中的每个人更好地使用数据，使每个部门和各级人员都能用数据驱动决策。数据分析的流程包括数据收集、数据存储、数据计算、数据管理和数据应用，如图1-1-3所示。

1. 数据收集

1）网店内部数据采集

对网店而言，数据收集主要是针对网店中直接产生的原始数据，对其做基础采集，这是进行网店数据分析的第一步。数据产生后存储于各自的数据系统内，包括客户关系管理（customer relationship management，CRM）数据、呼叫中心（call center，CC）数据、财务数据、办公自动化（office automation，OA）数据、物流数据等。

CRM数据：网店客户关系管理系统的相关数据，如图1-1-4所示，包括买家在网店里的行为的所有信息，如姓名、性别、订单状态、营销状态、标签属性等。

CC数据：呼叫中心数据，包括通话记录、语音数据、投诉数据等。

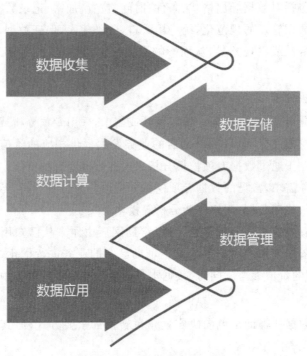

图 1-1-3　数据分析的流程

图 1-1-4　CRM 数据

财务数据：网店数据的核心，也是成本结算的最终依据，包含现金流数据、资产管理数据、销售额、成本数据、负债数据等。一般来说，网店其他业务系统的考核、结算都要以财务数据的核算结果为准。

OA 数据：利用自动化、现代化设备采集的办公系统数据。该数据能够为提高网店内部效率、优化结构提供数据支持。

物流数据：一般是与第三方物流公司合作来产生数据，包括出库数据、配送数据、调度数据、退换货数据等。

仓储数据：品牌商和渠道商网店运转的枢纽，包括库存量、销量、滞销率等。

销售数据：网店数据的核心，包括渠道数据、平台数据、销量、规格数据等。

2）网店外部数据采集

网店外部数据通常是指网店通过合作、购买等形式取得的数据，这些数据是在网店外部产生的，包括物流数据、营销数据、行业数据、竞争数据等。

物流数据：第三方物流公司提供的物流数据，包括出库数据、配送数据、调度数据等。

营销数据：网店通过营销、推广等形式，获取的自身渠道曝光数据、点击数据、营销投放数据等。

行业数据：一般见于行业报告，包括整体行情、市场趋势、用户结构、竞争环境等信息，多通过购买或调研取得。

竞争数据：主要指的是竞争对手的销售量、产品、营销等方面的数据，如竞争对手产品价格、规格、营销渠道等，一般通过购买或程序采集的形式取得。

2. 数据存储

将网店各类数据收集后，就面临着存储问题。将不同类型的原始数据进行适当整合，可形成能够被有效使用的网店数据仓库及数据集，此类数据仓库及数据集是集主题性、集成性、稳定性于一体，同时还能反映数据变化的数据集合。

3. 数据计算

整合网店数据库之后，数据计算便成了数据分析的关键。采集的所有网店基础数据都需要经过计算和挖掘输出，提取有价值的信息，形成有效的结论来实现其自身价值。在确定网店数据计算思路阶段，数据分析师就应当为采集到的网店数据确定适合的数据计算方法和样式，从而保证数据的一致性和有效性，以有效进行网店数据分析和研究。数据计算是数据应用前必不可少的阶段。网店数据计算的过程既要通过不同算法来满足不同的挖掘需要，也要根据不同需求实现不同的输出结果。

网店数据计算的基本目的是从大量的、杂乱无章的网店数据中抽取并推导出对解决问题有价值、有意义的数据。如果数据本身存在错误，那么，即使采用最先进的数据分析方法，得到的结果也是错误的，不具备任何参考价值，甚至还会误导决策。

4. 数据管理

数据通过计算后，还没有形成逻辑，也就没有完整的现实描述，因而人们对数据结论也存在一定的质疑。此时，具备基本的网店数据管理能力就显得尤为重要。网店数据管理是网店数据和网店应用之间的桥梁，网店终端应用或产品所需要的数据会直接从数据计算中得出。数据管理因其主要功能不同可分为网店用户管理和网店数据管理。

网店用户管理侧重于用户权限的变更和调整、数据接触点的流程管理等，它是网店数据出口的重要保障，也是保障数据安全的关键部分。

网店数据管理则是主要针对数据本身的管理，包括质量、生命周期、技术流程、监控等相关方面的数据管理。网店数据管理最终的意义是保障高质量有效数据结果输出，使不同数据应用能够共享、统一、规范。

5. 数据应用

数据应用是数据产生价值的体现，所有前期的数据收集及计算都为后期的数据应用奠定了基础。数据应用是对整个数据分析过程的总结和呈现。通过数据应用，可把数据分析的起因、过程、结果及建议完整地呈现出来，以供决策者参考。因此，数据应用是，通过对数据进行全方位的科学分析来评估企业运营质量，为决策者提供科学、严谨的决策依据，从而提高企业核心竞争力。通常来说，按照数据发挥的价值的强弱，数据应用可分为辅助决策应用和数据驱动应用。

1）辅助决策应用

辅助决策应用的数据种类众多，包括存储层、计算层、管理层的原始数据，过程数据及结果数据。辅助决策应用是当前数据发挥价值的主要方式,有报表支持、数据挖掘及模型封装、业务分析等形式。

2)数据驱动应用

数据驱动应用的数据多来源于计算层的实时计算结果和临时计算结果,如果时间限制不明确或不严格,则主要运用离线计算数据结果。

目前,数据驱动多借助技术手段来实现,一般采用以数据事件触发或数据结果触发为基础的自动化运行机制。常见的数据驱动项目有实时竞价(real time bidding,RTB)、站内个性化推荐、网站智能运营、个性化着陆页、个性化电子邮件营销(E-mail direct marketing,EDM)等。

1.2 电子商务与运营数据

电子商务与传统商业最本质的区别在于大数据。电商企业实际运营和决策过程当中可以利用数据为决策提供参考依据。电商效率最大化,是指最大限度地提高大数据的运营效率。由此可见,数据在电子商务领域得到了极为广泛的应用,同时发挥了突出性的作用。大数据运营技术,是电商企业最应具备的技术,也是未来的核心竞争力。

1.2.1 电子商务运营概述

1. 电子商务运营的概念

电子商务运营是指围绕网店开展的,以提高网店品牌曝光度、改善用户体验、促进网店销售转化等为目的的业务工作,其组织如图1-2-1所示,主要包括以下几个方面:

(1)网店活动管理:通过策划各类主题活动、事件等形式来提升网店品牌的曝光度、用户活跃度及用户黏性,进而将其转化为切实可观的销售量。

(2)网店内容管理:网店日常内容的更新维护,涉及行业新闻资讯、广告等内容的编辑、发布、删除、更新等操作。

(3)网店用户维护:围绕网店用户而展开的用户体验优化、产品功能设计、用户管理等业务操作。

(4)在线销售:围绕网店商品开展的商品促销等业务操作。

除了上述工作内容之外,电子商务运营还包括网店外竞争分析、新型营利模式探索、网店技术开发与设计、站外营销推广等一系列操作,不同类型的网店对电子商务运营部分的工作范围及内容的设定也有所不同。

2. 电子商务运营发展的三种形态

网店的运营发展按照规则不同,一般会经历粗放型运营、群组型运营、个性化运营三种形态。

1)粗放型运营

粗放型运营一般以网店自身为核心,将类似的规则全部应用到网店的运营范围内。在此过程中,网店处于完全的优势地位,用户则只能被动接收信息。与此同时,用户的选择也缺乏针对性和自主性。

图 1-2-1　电子商务运营组织

2) 群组型运营

群组型运营可基于细分规则区分用户,并根据网店在自身发展过程中的运营需求来确定不同的运营内容,也可根据用户的群组划分,对同一群组开展相似的运营操作。网店群组型运营的整个过程中,用户的选择具有一定的自主性,但是内容仍然以群组规则为主而非个人规则。

3) 个性化运营

个性化运营是指基于个人推荐,在综合用户偏好、网店内容资源特点的基础上,把用户需求与网店运营资源有效结合,针对不同的用户需求运营不同的内容。个性化运营是网店和个人信息交互的过程,因而更具精准性、平等性。双方互为信息的接收者和发送者,不存在明显的优劣势地位。

另外,电子商务运营还离不开运营类数据的整理及分析。运营类数据指的是以网店为载体,以网店运营维护、内容优化、功能设计、业务操作为核心的网店相关数据,主要涉及网店运维、页面运营、功能优化、用户体验等相关方面。

运营类数据需求通常也是网店数据分析的需求,由于它关乎围绕网店开展的相关运营数据业务工作,业务效果更容易直接反馈和作用在销量上,最终形成从前期策划设计、中期落地执行、后期优化改进到最后评估优化的业务流程闭环。

运营类数据常围绕网店相关的数据需求展开相关课题,包括网店页面设计及组织策略、网店诊断、整体优化、促销活动策划、页面产品功能应用、网店资源位或坑位最佳优化组合、整体用户体验度、页面布局和最佳组合分析、站内广告位挖掘和定价分析等。

◆ **1.2.2　运营数据分析指标**

信息流、物流和资金流是电商运营最为重要的三个部分,而电商信息系统最核心的还是大数据技能,包括数据处理、数据分析和数据挖掘。无论是电商平台还是卖家,都需要掌握一定的数据分析能力。越是有经验的卖家,越能通过数据驱动运营的精细化,更好地提升运营效果,提升业绩。

构建电商运营数据分析指标体系是电商精细化运营的重要前提。电商运营数据分析指标分为七大类,如图 1-2-2 所示,不同类别指标对应的是电商运营的不同环节。

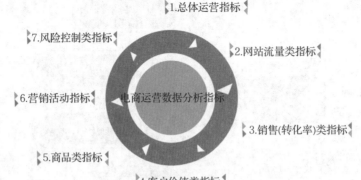

图 1-2-2　电商运营数据分析指标分类

1. 总体运营指标

总体运营指标是用来评估电商运营整体效果的,其数据展示面向的人群主要是电商运营企业的高层。总体运营指标如表 1-2-1 所示。

表 1-2-1　总体运营指标

类　　别	参　　数
流量类指标	独立访客数
	页面浏览量
	访问量
订单产生效率指标	订单量
	产品页转化率
总体销售业绩指标	成交金额
	销售金额
	客单价
整体指标	销售毛利
	毛利率

1)流量类指标

电商流量类指标指的是用来衡量用户在网站内非转化类行为的指标,其参数包括独立访客数、页面浏览量、访问量等。

根据时间的不同,独立访客(unique visitor,UV)可分为每小时独立访客、每日独立访客、每周独立访客等。对于每日独立访客,用户在一周之内无论进入多少次网站,独立访客数都只计算为 1,当然,其他独立访客数计算方法也相同。UV 数是衡量进入网站用户数量的多少的,其只和时间有关,跟其他用户行为没有直接必然的关系。

页面浏览(page view,PV)量用来衡量网站内的页面曝光量,用户每一次对电商网站中某一个网页进行访问就被记录一次,用户对同一页面进行多次访问,页面浏览量会累计。

访问(visit)量又称访问次数。访问量的定义和独立访客数类似,区别在于,访问量的默认定义时间为半个小时,也就是用户在 30 分钟内重复进入网站,访问量只计算为 1,超过 30

分钟则计入新的访问量。访问量是衡量访问次数的重要指标,表示有多少"人次"进入并浏览网站。访问量和 UV 数放在一起则可评估出访问网站的"人数",指示用户与网站的紧密性。如每日的 UV 数是 50 万,访问量是 150 万,则表示网站平均每个 UV 可以带来 3 个访问量。

2)订单产生效率指标

订单产生效率指标包括订单量(总订单数量)和产品页转化率(访问到下单转化率)。

订单量是指用户提交的订单数量。网站分析系统和企业内部销售系统统计的订单量数据不一致,属于正常情况,但是要保证误差比例不超过 5% 且数据相对稳定。

好的产品页(也称产品详情页)有利于提高订单转化率,促进网店商品的销售。通常情况下,用户选择购买某一产品前会先查看产品详情页,确认信息后才会加入购物车或下单,因此,产品详情页的浏览也就成为用户订单转化过程中的重要指标。产品页转化率既可通过 UV 数也可通过访问量计算,需要根据网站实际情况进行应用。

3)总体销售业绩指标

总体销售业绩指标包括成交金额、销售金额和客单价。

成交金额就是订单成交时的金额,是用户最终实际应该支付的金额。需要说明的是,运费是指用户所选商品未能满足免邮的条件而需要支付的配送费用;优惠款项包括优惠券、会员卡打折、积分兑换等可抵扣现金的款项;其他折扣则包括满减等,如满 300 元减 50 元。

销售金额是指商品销售的金额,这一项和成交金额的区别在于,销售金额中已计入其他优惠金额及相关费用。

客单价是指每一个客户平均购买商品的金额,也即平均交易金额,即成交金额与成交用户数的比值。

4)整体指标

整体指标包括销售毛利和毛利率。

电商最重要的指标之一就是销售毛利,是企业盈利情况的重要指标。需要注意的是,上述"毛利",是商品进销差价的毛利,其中不涉及促销费用、优惠费用、活动推广等其他费用。另外,不同批次的商品进货成本是不同的,因而需要使用对应批次的进货成本计算毛利。

毛利率是衡量自营商品利润情况的重要指标,销售毛利和毛利率都用于表示商品的盈利能力及盈利规模。

2. 网站流量类指标

常用网站流量类指标如表 1-2-2 所示。

表 1-2-2 常用网站流量类指标

类别	参数
流量规模类指标	独立访客数
	页面浏览量
流量成本类指标	到达率
流量质量类指标	跳出率/退出率
	页面访问时长
	人均页面浏览量

续表

类　　别	参　　数
会员类指标	注册会员数
	活跃会员数
	会员活跃率
	会员复购率
	会员平均购买次数
	会员回购率
	会员留存率

1）流量规模类指标

常用的流量规模类指标包括独立访客数和页面浏览量，这两个参数与其在总体运营指标中的定义一致，在此不再赘述。

2）流量成本类指标

流量成本类指标一般是指到达率。到达率用来衡量通过站外广告进入网站的比例，也就是用来分析用户从站外通过某种方式到达网站的情况，在技术上定义为，用户从带有站外标记的链接进入网站后，触发站内标记代码的次数。因此，到达率仅仅针对网站外的着陆页（落地页）。

课外拓展

到达率不高也有可能是网站加载较慢或是用户质量较差，从而导致用户在页面未加载成功时便关闭了网页，进而导致数据统计出现错误。

3）流量质量类指标

流量质量类指标包括跳出及跳出率，退出及退出率，页面访问时长，以及人均页面浏览量。

跳出是指用户在进入落地页之后没有打开第二个页面就退出的情况。跳出率则为这种情况出现的比例。

退出是指用户进入页面后没有进行下一步操作而即退出。退出率则是存在这种操作的页面访问量占该页面总访问量的比例。

页面访问时长是指单个页面被访问的时间。并不是页面访问时长的值越大越好，要根据具体情况而定。对于电商而言，页面访问时长要结合产品页转化率来看，如果页面访问时间长，但转化率低，则页面体验很可能是有问题的。

人均页面浏览量是指访问深度，即用户浏览了几个页面。访问深度是衡量用户访问质量的重要指标，用户浏览的页面越多，意味着用户对访问内容越感兴趣，反之则说明用户兴趣不大。但是，需要注意的是，过大的访问深度并非好事，有可能使用户在浏览网页时迷失方向而找不到确定的目标内容。

4）会员类指标

会员类指标包括注册会员数、活跃会员数、会员活跃率、会员复购率、会员平均购买次数、会员回购率和会员留存率。

注册会员数是指一定统计周期内的注册会员数量。

活跃会员数是指在一定时期内产生消费或登录行为的会员总数。

会员活跃率是指活跃会员占会员总数的比值。

会员复购率是指周期内产生二次或多次购买行为的会员占购买会员总数的比值。

会员平均购买次数是指周期内平均每个会员购买的次数，即会员订单总数/购买会员总数。会员复购率高的网店，会员平均购买次数也多。

会员回购率是指上一周期的活跃会员在下一周期内有购买行为的比率。

会员留存率和会员流失率是相对的概念。

例如，某电商平台在2019年6月底有活跃会员5 000名，其中有4 000名会员在第四季度有购买记录，3 000名会员至少2次购买，则会员回购率为80%，当期会员流失率为20%，会员复购率为75%。

3. 销售（转化率）类指标

网店销售（转化率）类指标一般包括购物车类指标、下单类指标和支付类指标。

1）购物车类指标

购物车类指标包括基础类指标及转化类指标。

基础类指标包括一定周期内的加入基础类指标，即一定统计周期内加入购物车次数、加入购物车买家数、加入购物车商品数等。加入购物车买家数是指将商品放入购物车的买家的数量。加入购物车是用户在下单前的第一步，用户一般在购物车页面确定数量、规格等信息后才会下单。因此，加入购物车买家数能够表明用户明确的购物导向，具有较高的参考价值。加入购物车买家数越大，意味着具有购物意向的用户越多。

转化类指标主要是指购物车支付转化率，即一定周期内加入购物车支付买家数与加入购物车买家数的比值。另一转化类指标——购物车内转化率，是指加入购物车并完成订单的商品数量占加入购物车商品总数的比值。转化类指标是衡量加入购物车的用户完成订单的比例情况。需要注意的是，若用户加入购物车后没有完成订单，中途放弃购物，则会出现购物车放弃率。

一般来说，电商网站及网店的购物车支付转化率都在60%以上，因此，这个指标也是销售类电商网站及网店的重要监控项。如果网站及网店的购物车支付转化率长期低于60%，则要考虑购物车流程设计是否有问题，是否存在数据作弊的可能。

2）下单类指标

下单类指标一般也包括基础类指标和转化类指标。

基础类指标包括一定统计周期内的订单量、订单金额、每订单金额。

订单量是指用户提交的订单数量。网站分析系统和企业内部销售系统统计的订单量数据不一致，属于正常情况，但是要保证误差比例不超过5%且数据相对稳定。

订单金额就是订单成交时的金额，是用户最终实际应该支付的金额。

每订单金额是指平均每个订单的金额，是以订单为单位计算的。

转化类指标主要是指订单有效率，即有效订单量占全部订单量的比例。订单有效率有一个逐渐稳定的过程，大部分的电商订单有效率为60%以上，长期低于该数值，表示订单中有大量无效订单或是有作弊情况。与订单有效率相对的一个指标是废单率，也就是废单量在全部订单量中所占的比例。

3）支付类指标

支付类指标也分为基础类指标和转化类指标。

基础类指标一般指基础统计类指标，包括一定统计周期内的商品销售额和商品销售量。商品销售额是指商品销售的金额，这一项和订单金额的区别在于，商品销售额中已计入其他优惠金额及相关费用。商品销售量是指商品销售的数量，也就是俗称的"件数"。如某用户订单内包含 A、B、C 三种商品各一件，则这三种商品的销售量各为 1，该订单商品销售量总计为 3。

转化类指标则包括支付转化率。支付是用户完成购物的重要一步，支付转化率是衡量用户支付转化的有效指标，但其仅能评估先付款、后收货的用户，选择货到付款的用户则不适用此指标评估。因为每个订单对应的都应是真实有效的用户，所以应使用有效用户数来计算支付转化率。

4. 客户价值类指标

客户价值类指标如表 1-2-3 所示。

表 1-2-3 客户价值类指标

类　　别	参　　数
客户指标	累计购买客户数
	客单价
新客户指标	新客户获取成本
	新客户客单价
	新客户数量
老客户指标	消费频率
	最近一次购买时间
	消费金额
	重复购买率

客户指标是指一定统计周期内的累计购买客户数和客单价。客单价是指每个商品的销售价格。

新客户指标包括一定统计周期内的新客户获取成本、新客户客单价和新客户数量。其中，新客户客单价是指第一次在网店中产生消费行为的客户所产生的交易额与新客户数量的比值，这一类数据除了与推广渠道的质量有关，还与电商店铺活动以及关联销售有关。

老客户指标包括消费频率、最近一次购买时间、消费金额和重复购买率。消费频率是指客户在一定周期内购买的次数。消费金额是指客户在最近一段时间内购买商品的总金额。重复购买率则针对消费者对该品牌产品或者服务的重复购买次数进行计算，重复购买率越高，说明消费者对品牌的忠诚度越高。消费频率越高、最近一次购买时间越近、消费金额越高的客户越有价值。

5. 商品类指标

商品类指标如表 1-2-4 所示。

表 1-2-4　商品类指标

类　别	参　数
品牌存量指标	品牌数
	在线品牌数
产品总数指标	库存量单位(stock keeping unit,SKU)数
	标准化产品单元(standard product unit,SPU)数
	在线 SPU 数
上架指标	上架商品 SKU 数
	上架商品 SPU 数
	上架在线 SPU 数
	上架商品数
	上架在线商品数
产品优势性指标	独家产品收入比重
首发指标	首次上架商品数
	首次上架在线商品数

品牌存量指标一般包括品牌数和在线品牌数。品牌数指商品的品牌总数量。在线品牌数则指在线商品的品牌总数量。

产品总数指标包括 SKU 数、SPU 数和在线 SPU 数。SPU 是一组可复用、易检索的标准化信息集合,属性值、特性相同的商品就可以称为一个 SPU。例如,"小米 9"手机是一个 SPU,而其配置类型则是一个 SKU。在线 SPU 数则是在线商品的 SPU 数。

上架指的是具有独立信息的商品能够在网站上被找到。上架指标包括上架商品 SKU 数、上架商品 SPU 数、上架在线 SPU 数、上架商品数和上架在线商品数。商品上架比例是商品运营的重要指标。

产品优势性指标是指独家销售的产品收入占总销售收入的比例,即独家产品收入比重。

首发指标是指首次上架商品数和首次上架在线商品数。

6. 营销活动指标

营销活动指标如表 1-2-5 所示。

表 1-2-5　营销活动指标

类　别	参　数
市场营销活动指标	新增访问人数
	新增注册人数
	总访问次数
	订单数量
	下单转化率

续表

类　　别	参　　数
广告投放指标	新增访问人数
	新增注册人数
	总访问次数
	订单数量
	UV 订单转化率
	广告投资回报率

营销活动指标主要反映市场营销活动或广告投放对商品的转化效果。市场营销活动指标包括新增访问人数、新增注册人数、总访问次数、订单数量和下单转化率；广告投放指标除了包括新增访问人数、新增注册人数、总访问次数、订单数量，还包括 UV 订单转化率和广告投资回报率。其中，下单转化率是指某市场营销活动期间活动所带来的下单次数与活动总访问次数之比。

7. 风险控制类指标

风险控制（风控）类指标如表 1-2-6 所示。

表 1-2-6　风险控制类指标

类　　别	参　　数
买家评价指标	买家评价数
	买家评价卖家数
	买家评价上传图片数
	买家评价率
	买家好评率
	买家差评率
买家投诉类指标	发起投诉（申诉）数
	撤销投诉（申诉）数
	投诉率

买家评价指标包括买家评价数、买家评价卖家数、买家评价上传图片数、买家评价率、买家好评率及买家差评率。其中，买家评价率是指某段时间参与评价的买家数量与该时间段买家数量的比值，用于反映用户对评价的参与度。电商网站目前都在积极引导用户评价，以作为其他买家购物时候的参考。买家好评率指某段时间内给出好评的买家数量与该时间段买家数量的比值；买家差评率指某段时间内给出差评的买家数量与该时间段买家数量的比值。买家差评率是非常值得关注的指标，需要监控起来，一旦发现买家差评率在加速上升，商家就要提高警惕，分析引起差评率上升的原因，并及时改进。

买家投诉类指标包括发起投诉（申诉）数、撤销投诉（申诉）数、投诉率（买家投诉人数占买家数量的比例）等。投诉数和投诉率都需要及时监控，以发现问题并及时优化。

1.3 运营数据分析

互联网时代背景下,每天都会有大量用户在电商购物平台上留下自己的踪迹,每个平台背后不仅记录了用户行为等数据,还记录了用户的个人信息或用户属性等一些信息。利用用户的这些数据来做关联,一方面可以使多个产品之间的信息相互连通,使电商企业从更多维度去理解用户,也可以创造更多机会使营销触达;另一方面便于新产品的启动。将用户数据收集到平台,最重要的是合理处理和分析数据,使得数据能够驱动产品销售,达到电商企业的战略目的。

◆ 1.3.1 运营数据分析的模型

运营数据分析的常见模型有热力图分析、路径分析、关联模型、决策树模型、异常值处理等。

1. 热力图分析

热力图分析(见图 1-3-1)主要用于分析单个页面内的点击分布。基于像素的热力图分析是将页面内的点击以图形热点的方式表现出来,具有重要的参考价值(特别是在页面内没有连接的区域时)。

一般来说,热力图分析主要用于提取单个页面内的重要访问特点,如点击集中度、功能使用率等,通过分析买家的集中使用区域,为网店运营业务提供明确方向。

比如,网店打算在首页新增广告位,通过热力图分析发现,首页中间"登录"位置集中点击分布明显,除此之外,位于下方的"注册"位置也存在大量的用户点击,这些都表明用户在这两个位置的点击集中度很高。不管点击分布是用户主动点击还是被动点击形成的,这两个位置都是广告宣传的绝佳位置。

图 1-3-1 热力图分析

2. 路径分析

路径分析主要是为网店流程优化、流量引导和分配等提供决策分析建议的,常用于具有分流功能的页面,如导航页面、首页、活动主页面等。

比如,页面吸引流量是网店内部流量分配及优化的有效方式,如何针对某一页面进行吸引及引导流量分析并总结出可以带来更多流量的页面?进行图1-3-2所示的路径分析可以看到,全站流量来源较为分散,其中引流较多的是APP浏览页面,其次是小程序页面浏览、推送转化等。如果目前网站中存在一个引流量较大的页面W,而W对网店是没有引流贡献的,则需要考虑在W页规划小程序、推送商品信息等,从而增加其对店铺的引流价值。假如这个页面是原始分流页面,分析该页面的引流效果,便可明确其对其他网页的贡献率。

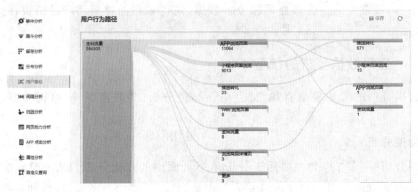

图1-3-2　路径分析

3. 关联模型

关联模型主要用于揭示事件之间的关系,在网店零售领域运用较多。由于其可直接提取对网店运营有效的业务规则,关联模型非常适用于网店运营业务数据分析,是网店运营业务数据分析的常用方法之一。

关联模型多应用于购物车分析、站内页面浏览分析、站外渠道来源分析、产品查看分析等,比如,用户买了A商品后,会买B还是买C(通常是A和B的购买一起发生,还是A和C的购买一起发生)。

在关联模型中,核心思想就是对比单个事件发生的概率和多个事件同时发生的概率。如果某事件单独发生的概率和多个事件同时发生的概率相近,则可以考虑为,发生该事件时很有可能同时发生另外的事件。

假设有水果、酸奶、薯片、方便面、饼干五种商品,同时也知道各种商品购买的清单,根据清单可以提取用户购买每种商品的频数和对应的概率,包括商品之间每两种组合的频数和概率。根据计算公式可以看出各种商品的支持度和置信度。设置强关联最小支持度阈值以及最小置信度阈值都为1,水果对酸奶达到了强关联的阈值,即水果与酸奶这对组合可以被认为具有强关联,因此,用户在购买酸奶时网店可适当推荐水果,这样能够增加水果的销量。

4. 决策树模型

决策树模型也是常见的可以应用到网店运营数据分析中的一种方法。上述关联模型是从"商品"的角度提取规则,决策树模型则是从"人"的角度提取规则,也就是说,要达到一定的网店营销目的,集中针对目标人群。决策树(见图1-3-3)的划分过程就像是一棵树,从根节点出发,依次"开枝散叶",最终形成分类准则。

如图1-3-3所示,先将买家按照年龄进行分支,分成三类:年龄小于或等于30岁,再按

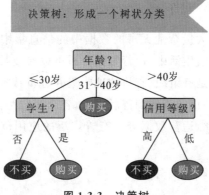

图 1-3-3　决策树

照是否为学生进行分类,其中,是学生的被划定为"购买"类,不是学生的被划定为"不买"类;年龄在 31～40 岁之间的被划定为"购买"类;年龄大于 40 岁的,可按照信用等级进行分类,信用等级高的被划定为"不买"类,信息等级低的被划定为"购买"类。依次划分下去,将所有买家按照一定的规则完成分类过程。

■课外拓展

在多数情况下,输出类型设置为"决策树模型"不仅可以使结果图形化,方便查看,而且能提供集中的规则,包括执行样本量、执行后的预期效果等业务必备要素。

5. 异常值处理

异常值处理是面对海量网店数据提取具有异常特征数据的重要方法,多见于异常订单识别、黄牛识别、欺诈监测、技术入侵等个性化的分析场景,如图 1-3-4 所示。

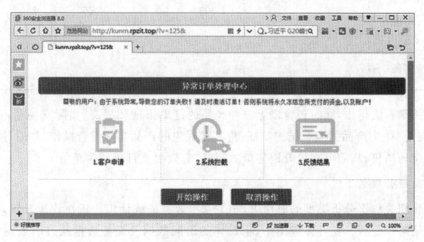

图 1-3-4　异常值处理

■课外拓展

进行异常值处理并不意味着被处理的数据一定是异常的,异常值处理只是提供可能存在异常的数据集,根据数据的特点,这些异常的数据集需要运营方进一步验证。

1.3.2 运营数据分析的作用

数据分析旨在把隐藏的大量杂乱无章的数据中的信息集中、整理、提炼出来，从而找出研究对象的内在规律。在实践生活中，运营数据分析可以有效帮助网店管理者做出判断，以便采取适当行动。数据分析是有组织、有目的地收集并分析数据，使之成为信息的过程。在商品的整个生命周期，从前期市场调研到售后服务，各个过程都需要运营数据分析的参与和运用，以有效提升效率。因此，运营数据分析有着广泛的应用范围，在网店运营过程中具有不可替代的意义。

1. 促进精准营销战略的制订

1）产品关联基础上

关联规则作为一种最为基本的算法形式，在网店运营的很多环节都可以充分利用。网店所销售的产品在某种程度上存在一定的差异性，因此，在实际的销售过程中，网店可以将一些商品与另外一些商品进行组合销售，与单纯销售某些商品相比，组合销售效果更为突出。以某网店的经营数据为例，利用关联算法可得出产品的最佳组合方式（见表1-3-1）。

表 1-3-1 某网店产品的最佳组合方式

商品名称	交易量	交易量占比/(%)	买家数	买家数占比/(%)	交易额/元	交易额占比/(%)	销售均价/元
上海特产口水娃（上海香辣锅巴），养生堂维生素C(VC)片(90片)，纤梅二代（纤体梅排毒清宿便）	5 698	8.01	2 003	3.85	308 565.62	5.02	21.36

通过关联算法得出，同时包含以上三种产品的订单出现频率高，实际交易量占比8%以上，根据表1-3-1中产品的组合结构特征，将其相对应的产品实施组合操作，并通过套餐的方式进行相应的销售，从而可在提升销售量的同时，有效提高订单的客单价。

2）产品经营框架下

在当前相关数据分析类型的应用中，相关基本数据的统计工作正在快速发展，其中应用比较多的是路径分析。在具体应用中，将具体的访问数据及交易数据通过图表的方式呈现给网店，然后进行较为详细的处理分析和优化调整，最后得出的结论信息是网店相关负责人最为关注和需要的。

一般来说，"淘宝"网店获得客户的基本渠道有"淘宝"搜索、"直通车"、店铺搜索、"阿里旺旺"、类目导航、店铺收藏、站外搜索、"我的淘宝"、直接访问等。表1-3-2所示为某品牌零食网店一周相应的访客来源数据。

表 1-3-2　某品牌零食网店访客来源数据

访客流量来源	访客流量占比/(%)	访客订单转化率/(%)
"淘宝"搜索	6	5.01
"阿里旺旺"	3	38
"我的淘宝"	25	11.01
店铺搜索	5	4
类目导航	10	4
"直通车"	2.05	0.49
站外搜索	21.01	0.05
直接访问	26	4

通过观察表 1-3-2 并结合路径分析理论,可以制订如下营销策略:

(1)对当前网店商品的卖点和商品描述素材进行优化,提升由搜索引入的访客的转化率。

(2)通过对"直通车"关键词进行优化,对商品的具体类目进行细化、优化,以及对具体价格进行优化,提升由"直通车"引入的访客的转化率。

(3)继续做好"淘宝"流量,对相关平台进行合理设置,对"淘宝"平台客源的途径进行优化提升。

2. 有利于提高日常工作的管理效率

很多网店在进行决策时需要以有效的网店运营数据反馈信息作为基础,但也因为诸多原因,决策层很难从网店运营数据中及时获得相应的信息以辅助决策支持。常见的问题如下:

(1)网店运营报表种类繁多且分散,不同的网店报表数据不一致,很难准确、及时获得网店运营数据的相关信息。

(2)网店运营数据不具有及时性,难以辅助网店运营业务发展。

(3)缺乏有效的网店运营业绩考核机制。

(4)网店运营数据多是缺乏体系的数字陈列,缺乏有效数据分析及结论。

存在以上问题,网店运营数据很难发挥实质性的作用,而对网店运营数据进行整合分析则很容易提供统一的网店数据以供决策层参考。在数据分析的过程中,由于减少了不同系统、不同产品、不同报表甚至不同指标间的相互转换,节省了大量的中间环节,网店运营数据的实时性和精准性得以有效提高。另外,整合网店运营数据,可使所有业务信息流前后贯穿,业务之间的关系及对目标实现的作用简洁清楚,因此,无论是对于 KPI 的考核还是中间环节的过程评估,都能够有的放矢,具有显著的针对性。

3. 提高网店运营决策层的决策效率

网店运营数据分析还能通过特定的方法获取整个行业及某网店竞争对手的相关信息,这对于获取关键的网店运营竞争情报,如运营推广动向、产品销售策略、网站设计趋势、用户结构等,都有非常重要的意义。网店运营数据分析是网店战略竞争分析的重要组成部分,为网店战略决策的制订提供科学的运营视角和竞争情报。通过对网店内外部运营数据的收集分析，结合网店内部运营和外部行业环境，运营数据分析也能为网店的战略制订和执行优化提供较为全面的数据视角。

4. 有利于评估销售业绩和经营方案的效果

详细全面的销售计划是网店经营成功的保证，而对销售计划执行结果的分析是调整销售计划、确保销售计划顺利实现的重要措施。通过对网店商品销售数据进行分析，可及时发现销售计划完成的情况，有助于管理人员分析销售过程中存在的问题，为提高销售业绩及服务水平提供依据及对策。

5. 有助于提高网店营销系统运行效率

数据的良好管理和交流是网店系统正常运作的标志，商品营销过程中的每一个环节都是通过数据的管理和交流而融为一体的，缺少数据管理和交流，往往会出现经营失控（如货品丢失）等问题，更会导致交流信息不准确，相互间的货品信息、管理信息的闭塞，以及货品调配的凝滞。

运营数据分析面向的是与网店运营相关的部门，间接支持的通常是职能类部门。运营数据分析的作用是为网店运营提供评估、优化、审核、校验、稽查等相关价值点，将网店数据结果反馈给运营相关部门和管理人员以进行网店运营流程梳理、部门执行优化、个人发展绩效评估等环节。

 实训大作业

1. 实训背景

当前电子商务市场竞争非常激烈，各商家为了能在竞争中占据优势而绞尽脑汁。大数据能够给电商企业带来新的生机与活力，应用大数据技术将电商企业的大量数据转化为其需要的信息，然后利用这些信息为电商企业带来经济效益，增强电商企业的竞争力。

2. 实训目标

（1）了解大数据分析的基本概念。

（2）学会分析案例内容并进行总结。

3. 实训要求

自主选择一个大数据分析的成功案例，题材不限，自主分析案例的背景、内容、过程、结果以及产生的问题，解析其内在的逻辑关系，并提出对策，然后将分析结果整理成一份报告。

 项目小结

本项目围绕网店运营数据的有关概念，从数据的概念、价值、分析流程入手，展现运营数据分析的指标、分析模型及作用。通过学习，读者能够对网店运营数据具有清晰的认识和辩证思考，同时还能够结合网店具体情况，有步骤、有计划地进行数据分析。

复习与思考

1. 网站数据是否存在欺骗的形态？该如何避免呢？
2. 运营数据分析包含哪些指标？
3. 运营数据分析的作用有哪些？

项目2

去伪存真：
数据统计与整理

项目概要

　　数据统计与整理是一门科学，对于许多企业来说，积极进行数据统计与整理不仅可以使企业管理更加科学化，而且对企业未来的发展也会起到不可忽视的作用。本项目着重介绍数据采集的定义及意义和数据清洗及整理的实操方法，并简单介绍了几种数据基础分析工具。

学习目标

1. 理解数据采集的定义及意义。
2. 能熟练进行数据收集。
3. 掌握数据清洗及整理的方法。
4. 了解常用的数据基础分析工具。
5. 具备数据统计与整理意识，养成积累的习惯。

2.1 数据采集

随着网络更多地融入日常生活，人们的出行、医疗、饮食、购物等均会产生大量的数据，随着5G时代的到来，数据将会呈现井喷式增长，那么，如何将这些数据收集并应用起来？这将会是许多企业迫切需要解决的难题。

2.1.1 数据采集的定义

采集数据其实就是收集资料的过程。数据如同烹饪的原料，"巧妇难为无米之炊"。在采集数据之前需要明白，这里的"数据"仅指网店的运营信息，它是认识网店运营的中间环节，是其表面特征。采集此类数据，其作用在于消除网店运营过程中的不确定性。

1. 数据采集的定义

数据采集是指根据店铺自身的需求和用户的需要收集相关的数据。通过合适的调查方式，对特定对象开展调查，收集数据，并进行整理、分析，可最终得出结论。数据采集对提高网店工作效率、促进销量提升、有效监测店铺情况具有重要的意义。

2. 网店数据的特征

1) 时效性

时效性是指数据的发生和运用要及时，如果数据失去了时效性，网店就失去了潜在机会。例如，农业产业的相关网店如果能获取时效性很强的数据，则今年及来年的销售量都会较高。很多网店不具有提前获取数据的意识，而导致网店效益下降。网店数据要有时效性，同样的，数据分析也要有预见性。因此，在进行网店数据采集时，要积极利用数据的时效性来预测市场的走向。

2) 分散性

网店数据的分散性一般体现在两个方面：

(1) 没有固定发生地。网店数据没有固定发生地，因此需要通过多渠道采集数据，除了上网和去图书馆查资料外，还要留意电视、杂志等媒体信息，关注统计局、行业协会、研究机构等公布的与网店相关的数据或市场调研结果。

(2) 零散分布，需相互关联才完整。网店数据是零散的，真正能还原并利用数据的都是勤于思考、努力寻找数据关联性的人。

3) 概率性

网店数据的概率性表明了随机事件发生的可能性，如果一件事情发生的概率是 $1/n$，不是指 n 次事件里必须发生一次该事件，而是指在大量重复试验的条件下，该事件发生的频率接近 $1/n$ 这个数值。换句话说，"大量""重复"是显现概率规律的前提条件。

4) 再创性

再创性是指我们所看到的网店数据只是一种现象，不同的人会得出不同的结论。要想透过现象看本质，需要用发展的眼光看问题，通过深入分析，找出隐藏在网店数据背后的机会。

例如，甲、乙两个卖鞋的网店都有一款热销鞋在某一地区的销量很低。甲网店认为此地区消费者不喜欢此款鞋，而乙网店则进行数据调查分析，最后发现，此地区鞋的销量都不高，是因为当地人的脚面比其他地区的人的脚面宽一些，而网店里的此款鞋太窄，他们穿着不舒服。于是，乙网店针对当地人的脚部特征联系厂商，生产出了合适的鞋子，使此款鞋在当地有了很大的市场。这个案例说明，数据只是现象，关键在于启发、分析与挖掘机会。

上述网店数据的四个特征，在进行数据采集时要充分考虑：

(1) 时效性——数据采集时要有周期意识；

(2) 分散性——数据采集时要有侧重意识，针对不同的数据来源要有相对不同的采集方法；

(3) 概率性——数据采集时要有抽样意识；

(4) 再创性——数据采集时要进行深入分析和解读。

3. 一手数据与二手数据

按照网店运营数据来源的不同，可将数据分为一手数据和二手数据两种。

一手数据是指自身调研或查找的数据，无法通过购买获得，其对应的采集方式只能是实地收集。一手数据可用性更强。一般网店需要采集的一手数据主要是商品信息，包括品类、品牌、品名、价格、销量等，以期了解商品销售状况、热门商品属性，从而进行市场扩大和做出重要决策。除此之外，还需要采集商品的相关评论，以明确其优缺点、市场意向等。另外，还需要采集买家的ID、购买信息、评价内容、消费喜好等，以此来进行用户行为分析、个性化商品推荐等。

网店一手数据的采集，可以通过要采集的"淘宝"网址，将数据一条条复制、粘贴到Excel表格中，不过此种方法耗时耗力，容易出错。一般可选择相关采集器进行网店数据的收集与分析，如"八爪鱼"、爬虫等。另外，某些行业的一手数据也还是需要实地调查访问才能取得。

二手数据是指查找或购买到的经过别人整理的资料。其对应的采集方式为案头调查。

整体来说，二手数据更易获取，不需要实地调研，成本更低。但是，容易得来的往往不是最好的：首先，二手数据大部分都是之前就整理好的，很难满足个性化和时效性的需求；其次，二手数据多是经他人之手处理的，无法完全达到研究目的；最后，二手数据往往给出的是最后结果，至于过程中的采集方式是否可靠、是否得当，则无从查证。换言之，二手数据就像穿别人的衣服一样，可能会袖长领大或腰紧扣少；一手数据则更像是量体裁衣，完美契合身材，可用性更强。

但是，二手数据也有其特有的价值：

(1) 为实际研究奠定基础。

在进行实际研究之前，可通过二手数据了解相关网店行业的性质、状态、内容等，从而为实际研究网店创造条件，可以说是一手数据的有效补充。数据的收集与研究结束后，还可结合二手数据对研究结果进行鉴别、考证，以提高调查结果的可靠性，同时，二手数据还可以用于分析结果背后的深层次原因。

(2) 服务于网店的研究工作。

二手数据因其成本低、时间短、采集简单等特点，具有很强的灵活性，所以可以随时根据网店的需要进行收集及分析，从而指导网店的日常工作。

◆ 2.1.2 数据采集的方法

1. 数据采集工具选择

选择合适的数据采集工具,可提高数据采集的效率。数据采集工具种类繁多,其功能、用途、使用难易程度各不相同。选择数据采集工具时需要考虑以下三个方面。

(1)适用范围。

网店根据不同需要选择不同的数据采集工具。例如,"淘宝"想要采集店铺运营、产品流量等数据,需要使用"生意参谋";想要采集市场行情、竞争对手信息等数据,需要使用"逐鹿工具箱";想要采集竞品、排名、销售等数据,需要使用"店侦探";想要进行网页数据采集,如产品信息、价格、详情、用户评价等,则需要使用"火车采集器"等。

(2)数据类型。

一些数据采集工具提供的数据并不是只有实际数据,而是将实际数据转化后的数据也予以展现。图 2-1-1 所示为"百度指数"采集的某网店销售量。

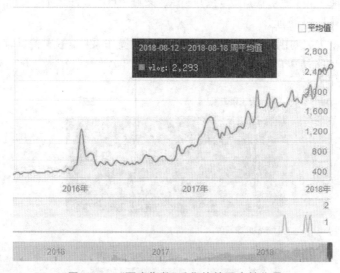

图 2-1-1 "百度指数"采集的某网店销售量

(3)功能需求。

大多数数据采集工具不仅具有采集数据的功能,还能够对数据进行分析并进行可视化处理。图 2-1-2 所示为使用"店侦探"分析并进行可视化处理后的某网店数据。

2. 常用的数据采集工具

选择数据采集工具的关键是数据采集人员要能够熟练使用该工具。网店所用的数据采集工具可分为可视化工具和编程类工具。下面对这两类数据采集工具进行介绍。

1)可视化数据采集工具

一般来说,可视化数据采集工具上手较编程类数据采集工具容易,功能较为全面,能满足大部分网店的需求,适合新手使用。常用的可视化数据采集工具如下。

(1)"火车采集器"。

"火车采集器"是一款集网页数据抓取、处理、分析、挖掘为一体的软件,可以灵活迅速地抓取网页上散乱分布的信息,并通过强大的处理功能准确挖掘出所需数据。

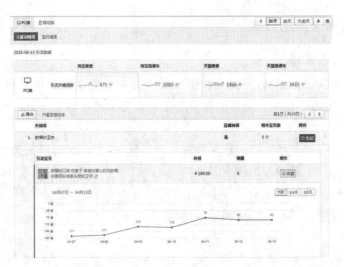

图 2-1-2　使用"店侦探"分析并进行可视化处理后的某网店数据

优点：采集功能丰富，采集速度快；接口齐全，支持 PHP 插件扩展；支持多种数据格式导出，可以进行数据替换等处理。

缺点：上手难度大，使用门槛高；只支持 Windows 操作系统，不支持其他操作系统。

"火车采集器"界面如图 2-1-3 所示。

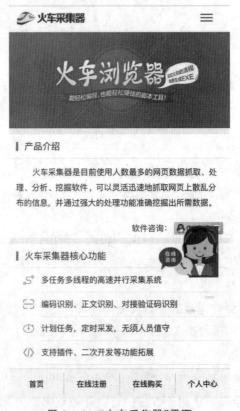

图 2-1-3　"火车采集器"界面

(2)"八爪鱼"采集器。

"八爪鱼"采集器是一种可视化采集器，内置采集模板，可被用来进行各种网页数据的采集。

优点：具有自定义模式，可进行可视化采集操作，上手难度小；具有简易采集模式，提供官方采集模板，支持云采集操作；具有防屏蔽措施，例如代理 IP 切换和验证码服务；支持多种数据格式导出。

缺点：功能使用对编程技术的要求较高；本地采集数据时很多功能受限，云采集收费高；采集速度较慢；只支持 Windows 操作系统，不支持其他操作系统。

"八爪鱼"采集器界面如图 2-1-4 所示。

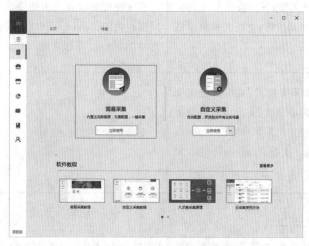

图 2-1-4 "八爪鱼"采集器界面

（3）"后羿"采集器。

"后羿"采集器是由原谷歌搜索技术团队基于人工智能技术研发的新一代网页采集软件，该软件功能强大，操作极其简单。

优点：具有智能采集模式，输入网址后能够智能识别采集对象，无须配置采集规则，操作简单；具有流程图模式，通过可视化操作流程能够用简单的操作生成各种复杂的采集规则；具有防屏蔽措施，例如代理 IP 切换等；支持多种数据格式导出；支持定时采集和自动化发布，发布接口多；支持 Windows、Mac 和 Linux 操作系统。

缺点：部分功能还在完善，暂不支持云采集操作。

图 2-1-5 所示为"后羿"采集器界面。

图 2-1-5 "后羿"采集器界面

以上三种数据采集工具优缺点对比如表 2-1-1 所示。

表 2-1-1　三种数据采集工具优缺点对比

名　　称	优　　点	缺　　点
"火车采集器"	功能丰富,采集速度快;接口齐全,支持 PHP 插件扩展;支持多种数据格式导出,可以进行数据替换等处理	上手难度大,使用门槛高;只支持 Windows 操作系统
"八爪鱼"采集器	具有自定义模式;具有简易采集模式;具有防屏蔽措施;支持多种数据格式导出	功能使用对编程技术的要求较高;本地采集数据时很多功能受限,云采集收费高;采集速度较慢;只支持 Windows 操作系统
"后羿"采集器	具有智能采集模式;具有流程图模式;具有防屏蔽措施;支持多种数据格式导出;支持定时采集和自动化发布,发布接口多;支持 Windows、Mac 和 Linux 操作系统	部分功能还在完善,暂不支持云采集操作

2) 编程类数据采集工具

使用编程类数据采集工具需要进行编码工作,针对不同的数据需要开发出不同代码,使用较困难,但编程类数据采集工具具有通用性和可协作性,是一种通用工具。

编程类数据采集工具需要用编程语言抓取网页数据,如爬虫工具就负责抓取网页数据。如果将互联网比作一张蜘蛛网,数据是存放于蜘蛛网的各个节点上的食物,爬虫便是在这张网上爬来爬去的蜘蛛,沿着网络抓取自己的猎物,即数据。爬虫指的是向网站发起请求,获取资源后分析并提取有用数据的程序。常用的爬虫工具有 Python、Java、PHP 等。下面对爬虫进行介绍。

(1) 爬虫工作的基本原理。

爬虫模拟用户在网页或者 APP 上的操作,实现操作过程的自动化。例如,某网店获取网店数据的方法有两种:第一种,先进行网站提交请求,然后下载网页代码,最后解析成页面;第二种,通过模拟网站发送请求,提取有用的数据,最后存放于数据库或文件中。第二种方法中的内容即为爬虫要进行的工作。

例如,用户浏览网页的过程中会看到许多好看的图片及百度搜索框,该过程为:用户输入网址之后,经过域名服务器(domain name server,DNS),找到服务器主机,向服务器发出一个请求,服务器经过解析之后,发送 HTML、JS 等格式文件给用户的浏览器,浏览器解析出来,使图片能够被用户看见。用户看到的网页实质上是由 HTML 代码构成的,爬虫获取的便是这些代码内容,通过分析和过滤这些 HTML 代码,实现对图片、文字等资源的获取。

爬虫抓取数据时必须要有统一资源定位符(uniform resource locator,URL)才可以获取数据,URL 是爬虫获取数据的基本依据。URL 就是网址,是对可从网页得到的数据的位置和访问方法的一种简洁表示,即网页上资源的地址。网页上的每个文件都有唯一的 URL 与之对应,这个唯一的 URL 包含的信息指出文件的位置以及网页应对其进行的处理。

URL 由三部分组成：
①第一部分是协议。
②第二部分是存有该资源的主机 IP 地址(包括端口号)。
③第三部分是主机资源的具体地址。
(2)爬虫工作的基本流程。
爬虫工作的基本流程如图 2-1-6 所示。

图 2-1-6　爬虫工作的基本流程

2.2　数据整理

数据整理主要是指对原始数据进行加工处理，使之系统化、条理化，以符合统计分析的需要，同时用图表形式将数据展示出来，以便简化数据，使之更容易被理解。

2.2.1　数据清洗

网店数据清洗具体包括三项工作——查重、改缺与纠错。

1. 查重

一般在开放题编码的时候会涉及去重，而在网店的问卷编号审核时则会进行查重。如果发现编号有重复，则需要翻阅相应问卷，看是问卷录重还是问卷编号录错。那么，该如何查找重复的问卷编号？

例如，某化妆品网店针对消费者关于夏日防晒护肤的意见进行了调查问卷，但是在整理问卷时发现数量与编号匹配不完整，这时就需要通过查重中的"条件格式"设置来找到问题所在。

选中原始数据中问卷编号所在的区域，在"开始"菜单中的"条件格式"选项卡(见图 2-2-1)中选择"突出显示单元格规则"—"重复值"，则重复的问卷编号就被标上了突出的颜色，如图 2-2-2 所示。

图 2-2-1　"开始"菜单中的"条件格式"选项卡

问卷编号是数据的身份象征，身份有误，数据寸步难行，所以，在进行网店数据录入时，

	A	B	C	D	E	F
1	问卷编号					
2	23					
3	35					
4	30					
5	43					
6	73					
7	84					
8	92					
9	48					
10	47					
11	8					
12	24					
13	48					
14	38					
15						
16						
17						
18						

图 2-2-2　利用"条件格式"查重并标记

要仔细检查问卷编号。

2.改缺

如上述某化妆品网店做的调查问卷中,有多项缺失值,面对这一状况,又该如何处理?

在网店调研数据中,缺失值很常见。缺失可能产生于调查环节,由受访消费者没有做出回答或录入遗失造成。

面对这种情况,第一步,快速查找空值。但是,缺失值在数据中往往分布比较分散,如何才能快速找到所有的缺失值?通过"定位键",可快速找到数据中的空值。以原始数据为例,选中所有数据区域,点击"开始"—"查找"—"定位",在弹出的"定位"对话框中选择定位条件为"空值",则数据中所有的空值就会被选中,如图 2-2-3 所示。

图 2-2-3　通过"定位"键查找并选中空值

第二步,处理缺失值。但是需要清楚,不是所有的空值都是缺失值。比如,原始数据中的"颜色"和"功能"是可选填的,是允许有选项出现空值的,只有那些必填数据处出现的空值才是缺失值,如性别、年龄、专业等。那该如何处理这些缺失值?常见的方法有四种:

(1)通过查找问卷与回访来填充缺失数据。就是查看原始数据,明确是录入遗漏还是受访者漏答。若为前者,进行补录即可;若为后者,则根据问卷受访者的联系方式进行回访,填充缺失值。

(2)直接将有缺失值的记录删除。该做法简单直接,但是会导致样本量减少。如果本次的样本量不是很多,再采用此法,则会导致本次问卷无价值。

(3)将有缺失值的个案保留,仅在相应的分析中做必要的排除。该方法适用于调查样本量大、缺失值量小,且变量之间不存在高度相关的情况。在这种情况下,诸如"性别""专业""年龄"的缺失记录可以适当保留,当用到这些字段时再做进一步剔除。例如,若要研究受访者总体的口味偏好,不需要删除性别上有缺失值的记录;若要研究不同性别的受访者的口味偏好差异,就需要把有性别缺失值的记录剔除。

(4)用某个统计值(最常用的是平均值)替代缺失值。如某一编号的记录里"年龄"是缺失值,且通过交叉分析,可以发现,初一至初三学生的平均年龄是 16 岁。这一问卷编号的记录显示,该问卷的受访者为初二学生,因此,可以用初中学生的平均年龄"16"来替代该缺失值。

3. 纠错

网店数据的错误有两种类型——非逻辑错误和逻辑错误。

1)非逻辑错误

非逻辑错误是指无法通过网店问卷内在的逻辑关系判断的错误。比如,受访者本来喜欢 A,但由于时间匆忙,匆匆选了 B 就离开了;再如,"颜色"的编号本来是 A,但在进行录入时,人为失误录成 C。非逻辑错误是由于人为因素造成的,无法通过问卷内在的逻辑关系检查出来,只能靠加强调研质量、电话复核、双录入等方法来控制。

2)逻辑错误

逻辑错误是指可通过网店问卷内在的逻辑关系判断的错误。比如,选项只有 A 和 B(A 为是,B 为否),如果录入 C 则为错误,这是取值范围的要求;再如,近期不打算购买冰箱的消费者还填写冰箱期望值的问题,也是不可取的。没有购买计划的人不在调研范围内,需要设置跳问。逻辑错误可以根据问卷内在的逻辑关系,通过 Excel 函数或菜单操作检查出来。常见的逻辑错误有两种——数据超出取值范围及跳问设置不合理。

(1)数值超出取值范围。

某化妆品网店在整理针对消费者进行的调查问卷时发现,某些数据不在取值范围内,这时该如何处理呢?

如何检查网店相关数值有没有超出取值范围,可用"开始"菜单下的"筛选"选项卡。对表格设置筛选格式后,以"性别"为例,单击"性别"右下角的筛选图标(见图 2-2-4),勾选超出"性别"取值范围的数值,单击"确定"按钮,则超出取值范围的所有数据就会被筛选出,然后可通过核查纸质问卷,进行修正。

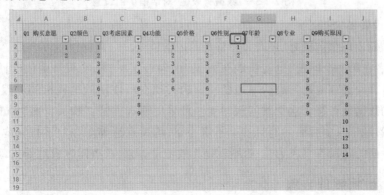

图 2-2-4 单击筛选图标对某一列数值进行筛选

但是,用筛选的方法检查取值范围有时太过烦琐,需要逐个查看字段,当问题较多时,就很费时。如果可以防患于未然,在录入之前设置好相应的录入选择框,则会大大加快纠错的速度。数据的有效性设置可以实现这一目的。以"性别"为例,"性别"的取值是"1"或者"2"。若在此工作表的 A 列录入性别数据,则可选中 A 列,然后点击"数据"菜单中的"有效性"选项卡,在弹出的"数据有效性"对话框中,将"有效性条件"设置为"序列",序列来源设置为"1,2",如图 2-2-5 所示,单击"确定"按钮,A 列的所有单元格就被设置成只能输入"1"或"2"的状态。假设在 A 列的单元格中输入"3",就会弹出错误提示,提示输入内容不符合限制条件,需重新输入"1"或者"2"方能完成单元格数值录入。

图 2-2-5 "数据有效性"对话框中的设置

(2)跳问设置不合理。

除了数值超出取值范围外,还有一种常见的逻辑错误——跳问设置不合理。例如,调查问卷时,若受访者在第一个问题"电视机购买意愿"中勾选了"打算购买",则依次回答后面的题目;不勾选"打算购买",则跳答最后一道题——购买现在所使用的电视机的原因。那么,如何检查所录入的数据是否符合这个跳问规则呢?可采用筛选方法:"购买意愿"等于"1"(打算购买)的受访者答题记录中后面的题目答案不应为空;购买意愿等于"2"(不打算购买)的受访者答题记录中后面的题目答案应为空;否则就是无效记录,需要核查问卷或对受访者进行复核。

◆ 2.2.2 数据整理步骤

数据整理主要涉及数据整合。数据整合是把不同数据源的数据进行汇总,从而形成可用于数据分析的表,主要包括横向连接(合并、追加)和转置的方式。

合并、追加是指根据记录的 ID 向表中添加其他表中的字段和记录,最终对表格中的数据进行合并。例如,图 2-2-6 所示是销售部门发来的一份客户订单,根据不同的订购数量,多种商品代码和颜色挤在一个单元格里。数据的整理过程就是将上述表格中杂乱无序的数据整理成规范的数据,将"客户姓名"、"类别"、"商品代码和颜色"中的代码、"商品代码和颜色"中的颜色及"订购数量"分别统计在不同的单元格里,如图 2-2-7 所示。

	A	B	C	D
1	客户姓名	类别	商品代码和颜色	订购数量
2		女鞋	302（星空紫），2209（粉色），8935（薄荷绿），2475（宝石蓝）	20
3		女鞋	209（珍珠白），3398（白色），6634（黑色），190（黄色）	30
4		女鞋	2495（蓝色），3859（白色）	15
5		女鞋	2245（黑色），8898（紫色），8893（灰色）	60
6		女鞋	1172（玫红色），9234（天蓝色），2452（淡黄色）	25

图 2-2-6　客户订单

	客户姓...	类别	商品代码和...	商品代码和...	订购数...
1		女鞋	302	星空紫	20
2		女鞋	2209	粉色	20
3		女鞋	8935	薄荷绿	20
4		女鞋	2475	宝石蓝	20
5		女鞋	209	珍珠白	30
6		女鞋	3398	白色	30
7		女鞋	6634	黑色	30
8		女鞋	190	黄色	30
9		女鞋	2495	蓝色	15
10		女鞋	3859	白色	15
11		女鞋	2245	黑色	60
12		女鞋	8898	紫色	60
13		女鞋	8893	灰色	60
14		女鞋	1172	玫红色	25
15		女鞋	9234	天蓝色	25
16		女鞋	2452	淡黄色	25

图 2-2-7　经过整理得到的规范数据

以 WPS Excel 为例,具体的操作步骤如下:

步骤一:单击数据区域任一单元格,依次单击"数据"—"从表格",在弹出的"创建表"对话框中直接点击"确定",如图 2-2-8 所示。

图 2-2-8　数据整理步骤一

步骤二：此时 Excel 会自动打开数据查询编辑器。单击有混合内容的一列——"商品代码和颜色"列，依次点击"拆分列"—"按分隔符"，在"按分隔符拆分列"对话框中，选择"自定义"，输入表格中实际的间隔符号（本例中是中文逗号），然后单击"高级选项"，设置拆分为"行"即可，如图 2-2-9 所示。

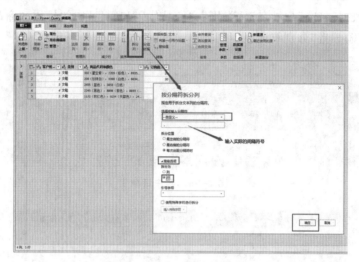

图 2-2-9　数据整理步骤二

步骤三：此时，按照"客户姓名""类别""商品代码和颜色""订购数量"分为多行显示，接下来还需要对"商品代码和颜色"再执行一次分列操作，如图 2-2-10 所示。

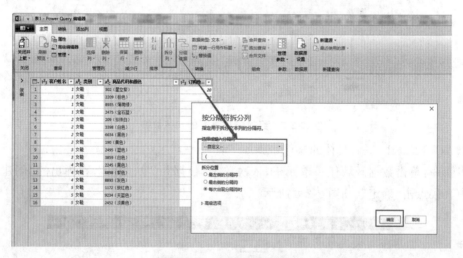

图 2-2-10　数据整理步骤三

步骤四：分列完成后，效果如图 2-2-11 所示。从图 2-2-11 中可以看出，颜色名称后面多了一个右括号，需要处理一下。点击"主页"—"转换"—"替换值"，将右括号替换为空白，如图 2-2-12 所示。

步骤五：双击部分字段名称，修改一下，然后依次点击"开始"—"关闭并上载"即可，如图 2-2-13 所示。

如果数据源中增加或修改了内容，只需要在存放结果的数据区域中单击鼠标右键刷新一下，即可得到最新的结果，而不需要另外的任何操作。

图 2-2-11　分列完成效果

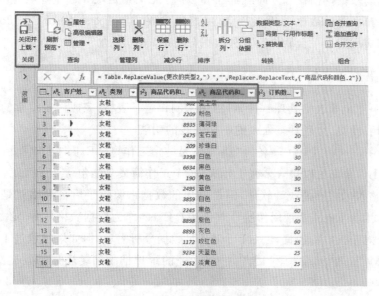

图 2-2-12　将右括号替换为空白

图 2-2-13　数据整理步骤五

转置：对于每个用户通常只记录一条观测值，因此，需要把用户和对应多个产品的矩阵转置为每个用户只对应一条观测值的矩阵。数据转置方式如图 2-2-14 所示。

图 2-2-14 数据转置方式

2.3 数据分析工具

数据分析与数据挖掘在当今时代非常重要,智能工具是现如今企业与企业竞争的必备"武器"。现在市场上的数据分析工具众多,这里主要讲解 Excel、SPSS、Tableau、Power BI 和育景大数据应用实训平台软件这五种数据分析工具。

◆ 2.3.1 Excel

Excel 是一个电子表格处理软件,可以用来制作电子表格,完成许多复杂的数据运算,进行数据的分析和预测,并且具有强大的制作图表的功能。

在 Excel 中,一个文档(扩展名为"xls")就是一个工作簿。Excel 工作簿用于计算和储存数据,每一个工作簿都可以包含多张工作表(每个工作簿最多能包含 255 张工作表)。

Excel 严格说来并不是统计软件,但是网店的数据来源除了后台导出就是人工统计,因此人工统计常用的 Excel 就被用作统计软件了。Excel 作为数据表格软件,必然有一定的统计计算功能。对于简单的数据,Excel 可以满足数据分析需求,但如果问题过于深入,需要使用函数,Excel 就比较"初级"了。因此,一些专业的统计推断问题还是需要交给专业的统计软件来处理。

Excel 在网店后台的应用一般是数据处理,最常见的是数据导入、导出等,如图 2-3-1 所示。

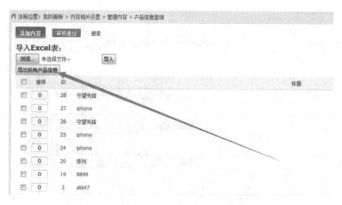

图 2-3-1　Excel 在网店后台的应用

◆ 2.3.2　SPSS

SPSS 作为仅次于 SAS 的统计软件工具包，在社会科学领域有着广泛的应用。由于 SPSS 容易操作，输出美观，功能齐全，价格合理，所以它很快被应用于自然科学、技术科学、社会科学的各个领域，世界上许多有影响力的报刊等就 SPSS 的自动统计绘图、数据的深入分析、使用方便、功能齐全等方面给予了高度的评价。

SPSS 在网店后台一般应用于客户忠诚度及销量等方面的相关因素分析。只需要将数据导入固定分析框架，即可一键输出结果表，如图 2-3-2 所示。此外，SPSS 还会自动输出分析建议及智能化分析结果，用户直接看文字就能一目了然，写调查报告和结果分析也更为得心应手。

	淘宝商家满意度	淘宝忠诚度
淘宝客服服务态度	0.923**	0.834**
淘宝商家服务质量	0.704**	0.685**

* $p<0.05$　** $p<0.01$

图 2-3-2　网店后台应用 SPSS 一键输出结果表

◆ 2.3.3　Tableau

Tableau 是帮助用户快速实现数据分析及其可视化并分享信息的一种简单的商业智能工具软件。其最大的特色是将运算与美观的图表完美地"嫁接"在一起。用户只需要将大量数据拖放到数字"画布"上，短时间内就能创建好各种图表（见图 2-3-3），而且 Tableau 集合多个数据视图，在进行深入分析的同时，可将数据进行可视化浏览。任何人都可以直接拖放数据，获得直观明了的产品数据分析结果，无须编程即可进行深入分析。无论是电子表格还是数据库、云服务，在 Tableau 中任何数据都可以进行分析，且通过实时连接可获取最新数据，自动更新。

Tableau 具有良好的交互性，可及时过滤、排序并深入挖掘特定的详细信息，并能整合各类分析视角，且完全免费，只需下载即可开始浏览数据。Tableau 的这些特性使它赢得了众多公司的青睐。

图 2-3-3　使用 Tableau 快速创建图表

2.3.4　Power BI

Power BI 是一款可进行数据转换管理、OLAP 数据库管理的商业智能软件,其界面如图 2-3-4 所示。它主要分为两个产品体系:一个是 Power BI 标准解决方案,预设丰富实用的分析模型,安装即可用,操作简单,门槛低;另一个是 Power BI 绿色开发平台,集数据视图管理、数据转换管理、多维报表设计、即席报表设计等功能于一体,构建多维分析模型,制作分析报告和即席报表。

Power BI 最大的价值在于能够将 ERP 等信息系统的关键数据直接延伸到决策者的桌面,让决策者直接操控网店经营数据,同时,避免了信息洪水,从而将数据的价值发挥到最大。决策者在使用 Power BI 的过程中,不仅能知道网店目前盈利状况,还能知道促进盈利的因素;不仅能够进行售后分析,还能针对营销提出建议,最终使得网店快速发展。

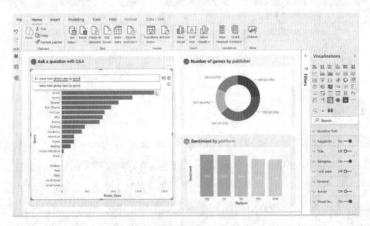

图 2-3-4　Power BI 界面

2.3.5　育景大数据应用实训平台软件

育景大数据应用实训平台软件(简称育景大数据平台)是一款全渠道的客户关系管理和营销系统产品,包含目前常用的第三方电子商务平台,如"淘宝""京东"等,支持全渠道客户识别中心、客户积分管理、内置短信平台、邮件平台、微信互动等,通过这些平台配合强大的多维度细分客户功能,进行精准的短信营销及邮件营销等,具有强大的数据营销能力。其界面如图 2-3-5 所示。

育景大数据平台提供多平台数据导入功能、架构清晰、多维度数据报表、一键营销功能提供一站式数据分析解决方案。目前，该系统包含会员分析、活动分析、报表分析、商品分析、营销分析、系统设置等功能。

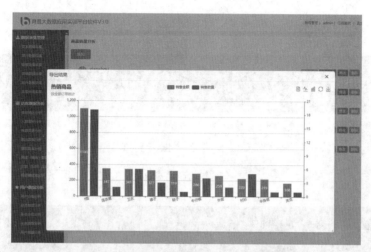

图 2-3-5 育景大数据应用实训平台软件界面

实训大作业

1. 实训背景

某公司研发成功一种可以三维测定假牙活动情况的仪器。在将仪器推向网店销售之前，需要先对其销售潜力进行研究。

2. 实训目标

(1)掌握基本的数据收集方法。

(2)熟悉相关流量和品类数据的指标。

3. 实训要求

通过互联网收集有关口腔医药仪器销售的相关数据及其来源信息。

4. 实训步骤

(1)明确研究所需要的资料种类，包括以下数据：

①国内牙科医院的绝对数；

②全国每 5 万人中牙医的平均数；

③未来 3～5 年将要开业的牙科医院数；

④未来 3～5 年新增的牙医数量；

⑤现有牙医的年龄结构；

⑥牙科医院在各省的分布情况。

(2)明确获得上述数据的途径。

①牙医协会获取一些调研报告。

②从图书馆获取一些有关牙科医学发展动态的论文。

③从统计局获得全国卫生统计年鉴,或是相关卫生部门的牙科普查资料和年度统计。

从上述途径中可以看到,获取二手数据的最常用途径是互联网。但是,为了增加数据的可用性,在收集二手数据时可以采用"5'W'2'H'"的思路,即研究目的(why)、研究时间(when)、研究范围(where)、研究对象(who)、研究内容(what)、分析方法(how)和研究深度(how much)。

项目小结

在数据分析之前,数据分析师需要对数据进行采集、整理等工作。本项目主要围绕数据采集与整理进行探索,介绍了数据采集工具与数据分析工具,并通过具体案例,介绍了对网店数据进行整理的步骤。要处理好数据,需要反复练习才能做到轻车熟路、游刃有余。

复习与思考

1. 数据采集的工具有哪些?
2. 数据清洗包括哪些工作内容?
3. 除了书中所介绍的方法,试通过收集材料找到其他第三方数据分析工具。

项目3
流量诊断：把握网店访问流量端口

项目概要

护肤品牌"木槿"开设了一个名为"木槿生活"的网店，随之而来的就是网店所产生的大量访问数据。企业领导者为了更好地利用这些数据来给企业带来利益，通过会议协商决定建立一个网站数据分析部门。本项目将围绕"木槿"的案例为读者介绍网店流量数据的分析。

学习目标

1. 理解电商网站或者网店的访问数据。
2. 掌握访问数据的收集方式。
3. 能够计算访问增长量，并绘制趋势图表。
4. 能够针对访问量流失进行基础的分析。
5. 掌握电商网站转化率的相关知识。
6. 理解漏斗模型，并能够通过漏斗模型进行转化率分析。

3.1 认识网店访问数据

网店的数据分析是电商行业的重要反馈,在经营电商活动的过程中,会产生大量的数据,如产品数据、物流数据、促销活动数据、会员数据,等等,这些数据会记录每个用户的每个动作,通过对这些数据进行分析,运营者可以了解用户的喜好、购买方式、行为及对哪些营销活动、营销产品感兴趣等,同时,还可以及时掌握产品的成本、库存、销量、利润,以及在同行之间是否具有竞争力等信息,有助于企业更好地了解整个市场的动向。

3.1.1 访问数据的范畴

网店访问数据,顾名思义就是对网店进行访问的相关数据。在进行详细的访问数据分析时,一般会进行细化分析。收集、统计网店访问数据时,通常会对页面浏览量、用户访问人次数、用户访问会话数、单个会话平均访问时长以及单个会话平均访问页面数进行记录。

网店访问数据通常主要分为营销数据、流量数据及会员数据等。

1. 营销数据

营销数据主要包含营销费用、营销所覆盖的用户数、用户的打开数(率)及人均费用等。

2. 流量数据

流量数据主要包括 PV 量、UV 数、会话数、平均访问时长等。

PV 量即页面浏览量,通常是衡量一个网店流量的主要指标,能够比较好地描述该网店热度。监测网站 PV 量的变化趋势,分析其变化原因,是很多网店定期要做的工作。此处"页面浏览量"中的"页面"一般是指普通的内容或者产品页面,可能是包含前后端代码的 HTML 页面。来自浏览器的一次 HTML 内容请求会被看作一个 PV 量,然后累计成 PV 总量。在万维网上,一个网页请求可以是因为浏览者在一个网页上点击了另一个网页的链接。每次有人去访问后一个网页时,系统就会记录。

系统记录完各个页面的访问次数之后,就能将单个网店所有的请求数累计起来,统计出该网店的总访问人次数,即总访问数。但这样也会存在一定的问题:单个用户在网店的所有操作流程会被重复记录。为了解决这个问题,在数据统计方法中又出现了另一种统计概念,那就是"sessions",即会话数。

除了总访问数之外,卖家还会统计网店的总会话数。会话数被用来统计访问站点的用户会话数,用户每次登录都会产生一个会话,后面所有的操作都会基于该会话进行合并统计。这样就能更精准地明确用户每次进行网店访问的过程。之所以称之为会话数,是因为用户在网店平台上登录一次后,在服务器上就会存储一个会话信息,用于和客户端进行信息互换和身份验证,同时本地也会暂存一份会话信息来保持访问状态,在数据统计环节也正是利用这项属性信息进行数据收集和统计的。同样,一个用户可能多次访问一个网店,这样相关信息可能被重复记录。这时,可以使用"用户数"的概念(即"users")来明确到底有多少不同用户访问了网店,通过集成用户登录的信息反馈,可以对不同用户的行为进行识别,帮助卖家更好地理解当前网店的运行情况。网店访问数据范围如图 3-1-1 所示,站点访问人次数(网店总访问人次数)必定包含网店总访问会话数,网店总访问会话数必定包含网店总访问用户数。

图 3-1-1　网店访问数据范围示意

除了以上提到的常用统计指标外,通常还会统计每个用户平均访问页面数以及平均访问时长,帮助卖家更好地分析用户在网店内的活动。比如,"sessions per user",即每个用户的平均会话数,可以理解为一段时间内一个用户访问站点的会话数,可以用来衡量和描述用户对网店的黏度;还有"time duration per session",即每个会话的平均访问时长,可以用来描述用户每次来到网店后花费的时长。

以上数据可以用来帮助优化用户的购物流程,使用户能在相应时间内找到所需的产品,并完成支付流程。

◆ 3.1.2　访问数据的来源

访问数据的来源是指用户访问网店产品的入口类型,如图 3-1-2 所示,通常情况下可以分为三大类,即免费流量、付费流量及直播等。

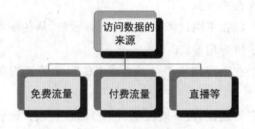

图 3-1-2　访问数据的来源

1) 免费流量

免费流量访问来源又可分为多种,如图 3-1-3 所示,直接访问、收藏夹访问、购物车跳转、历史订单查询、好友推荐等都属于免费流量访问来源。

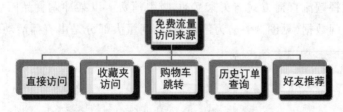

图 3-1-3　免费流量访问来源分类

(1) 直接访问:用户通过输入网站地址或者相关产品的地址,直接访问相关页面的产品。

(2) 收藏夹访问:用户访问和查看过相关站点和产品后,将该站点收藏保存,之后再次通过收藏夹的链接打开该站点,这种行为就是通过收藏夹来打开相关站点。

(3) 购物车跳转:用户已经将相关产品加入购物车,之后打开购物车,并从购物车再次进入相关产品详情页。

(4)历史订单查询:用户通过历史订单详情中的产品或者网店入口进入对应页面。

(5)好友推荐:通过好友分享或者聊天推荐等方式进入页面而进行访问。

2)付费流量

通常情况下,付费流量的质量更好,能够进行转化的量更大,因此,卖家需要更好地评估投入产出比来更好地进行产品推广引流。如图 3-1-4 所示,付费流量主要包括付费搜索、广告链接、"直通车"、钻石展位等形式。

图 3-1-4 付费流量形式

(1)付费搜索:通常指网店通过付费给搜索引擎平台来购买相关搜索结果展示位置,这样,用户通过搜索内容就能在该展示位置看到相关产品信息,从而给网店带来更多的流量。通常情况下,搜索结果是以关键字为单位进行购买的,当用户对相关关键字进行搜索时,相关产品信息的链接会出现在相应位置。

(2)广告链接:通常可以在不同媒体渠道进行广告投放,从传统的报纸、电视等到现在流行的网络媒体渠道以及手机应用等。

(3)"直通车":一般是在电商网络平台首页或者醒目的位置提供的快捷加购功能,帮助用户快速加购该产品。

(4)钻石展位:类似广告链接,但一般在电商平台的首页或者醒目位置,会为网店提供一些收费的入口链接,帮助网店进行引流。

3)直播等其他流量

除了免费流量和付费流量形式的划分,还有一些其他的流量入口,这些流量来源有收费的,也有免费的,具体看平台相关的运营策略和商户计划。比较主流和新兴的方式就是直播,商户可以通过视频流直播方式与买家互动,吸引消费。以某冲调食品网店在 2019 年"双 12"期间某日的访问数据(见图 3-1-5)为例,当日访问量大部分是由直播活动引入的。

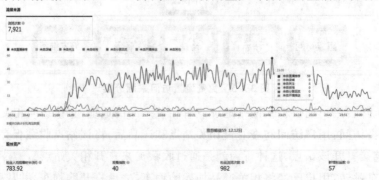

图 3-1-5 某冲调食品网店在 2019 年"双 12"期间某日的访问数据

课外拓展

针对"木樨生活"网店信息的收集,以 2019 年 6 月 2 日为例,如图 3-1-6 所示,通过"淘宝"软件工具,能够轻易得到网店的相关统计数据,统计的内容包括"访客数""点击率""跳失率"等,通过这些数据内容,能够了解到产品在不同平台上的转化率,进而通过改进宣传方法来提高其他访问率较低的平台的转化率。

图 3-1-6 "木樨生活"网店数据统计界面

3.2 网店访问量增长分析

开设一家网店,最需要的就是访问量,网店的访问量(浏览量)可部分转化为交易量,浏览的人数多也就意味着拥有许多潜在的购买者,访问量增加的同时也是为网店增加了发展的机会。因此,拥有足够的访问量是网店盈利的前提。

◆ 3.2.1 访问量增长表

访问量是衡量网店热度的一个重要指标,所以需要经常针对网店的访问量数据进行统计分析。其中一种比较重要和常用的方式就是进行访问量增长量分析。要分析增长量就需要针对不同的数据进行比较,通常可以针对日增长量、周增长量、月增长量、季度增长量、年增长量进行比较。针对不同周期的数据进行分析能得到有不同侧重点的信息。

访问量日增长数据就是将某一天的访问量与其前一天的访问量进行比较,来查看这两天的数据变化情况。简单来说,就是用某一天的访问量减去前一天的访问量,如果值是正数,表明当日网店的访问量比前一天的访问量高,用户访问数在增长;反之,则当日访问量比前一天低,访问数呈减少的趋势。

但访问量日增长数据无法很好地反映用户对网店的实际访问趋势。有时,访问量周增长数据或月增长数据,甚至季度增长数据、年增长数据才能较好地反映出网店用户的实际访问趋势。因为在使用不同比较周期时,会受一些外界因素影响,如节假日等,通过扩大比较周期能够减弱外界条件对数据比较的影响。简单来说,如果按照年度进行比较,由于两个比较周期中含有的节假日数基本一致,就能抵消节假日因素对数据比较产生的影响。

明确这些基本的概念之后,就能制作访问量增长表了。这里以"木樨生活"网店平台上 2019 年 6 月面霜的日访问量数据为例。该数据如表 3-2-1 所示。

表 3-2-1 "木樨生活"网店面霜日访问量数据

日期	访问量/次	日期	访问量/次	日期	访问量/次
2019-6-1	1 124	2019-6-11	1 414	2019-6-21	9 294
2019-6-2	1 336	2019-6-12	1 127	2019-6-22	15 298
2019-6-3	1 015	2019-6-13	2 469	2019-6-23	3 579
2019-6-4	896	2019-6-14	986	2019-6-24	1 363
2019-6-5	1 490	2019-6-15	886	2019-6-25	951
2019-6-6	1 922	2019-6-16	4 399	2019-6-26	1 026
2019-6-7	1 205	2019-6-17	2 871	2019-6-27	4 354
2019-6-8	1 379	2019-6-18	646	2019-6-28	2 108
2019-6-9	1 605	2019-6-19	11 277	2019-6-29	1 454
2019-6-10	923	2019-6-20	4 661	2019-6-30	95 190

在 Excel 中能使用相关的日访问量数据来计算并制作日访问量增长表。

首先，可以在"访问量"列之后新建一列，取名"增长量"，如图 3-2-1 所示，来存放增长量数据。

图 3-2-1 添加"增长量"列

然后，直接从 6 月 2 日的数据开始处理。选择 C3 单元格，如图 3-2-2 所示，输入公式"=B3－B2"，并按下回车键，使公式生效。

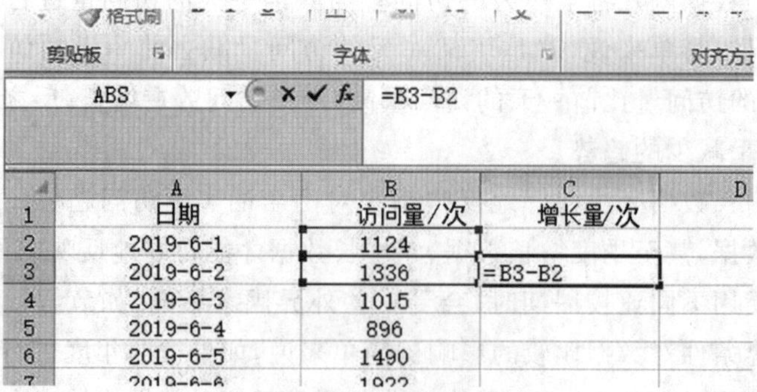

图 3-2-2 选择 C3 单元格，输入公式

可以看到，C3 单元格中生成了新的数据，如图 3-2-3 所示。6 月 2 日的访问量数据"1336"减去 6 月 1 日的访问量数据"1124"，得到这两天访问量的差值，即访问量的增长量为"212"。

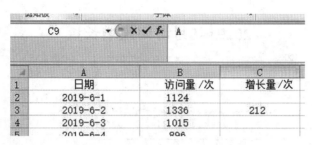

图 3-2-3　C3 单元格中生成新数据

依次类推,可得到其他访问量日增长数据,如图 3-2-4 所示。

由此,可以粗略看出网店访问量增长的基本情况,例如,在 6 月 3 日、6 月 4 日呈负增长的态势,而随后两日增长量转正,呈向好的趋势。

日期	访问量/次	增长量/次
2019-06-01	1124	
2019-06-02	1336	212
2019-06-03	1015	-321
2019-06-04	896	-119
2019-06-05	1490	594
2019-06-06	1922	432
2019-06-07	1205	-717
2019-06-08	1379	174
2019-06-09	1605	226
2019-06-10	923	-682
2019-06-11	1414	491
2019-06-12	1127	-287
2019-06-13	2469	1342
2019-06-14	986	-1483
2019-06-15	886	-100
2019-06-16	4399	3513
2019-06-17	2871	-1528
2019-06-18	646	-2225
2019-06-19	11277	10631

图 3-2-4　访问量日增长数据

◆ 3.2.2　从比较视角制作增长趋势图——折线图

折线图通常用来表示一段时间内的数据变化情况,可以协助管理者更好地判断过去网店运营中的数据变化趋势,也可以便于管理者预测未来的走向。折线图在生活中也非常常见,例如,一般电商产品降价图就是用折线图体现的。

使用折线图的优点:

(1)有助于趋势分析。当数据量很大时,不易看清数据要表达的意思,则可以采用折线图,使结果一目了然。

例如,从图 3-2-5 中可以看出,"木樨生活"网店 2019 年 6 月底的访问量(由于促销活动)得到了大幅的提升。

(2)有助于强调进度。可用于针对某个项目的进度进行分析比较。

从图 3-2-6 中可以看出,2019 年"木樨生活"网店完成了月销售量达 8 000 件的目标,且 2019 年的销售量明显高于 2018 年,销售量目标完成的原因可能是基于 2018 年营销策略的更改及促销活动的优化。

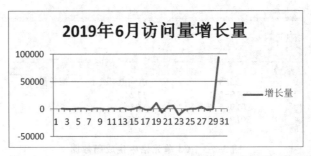

图 3-2-5 "木樨生活"网店 2019 年 6 月访问量增长量折线图

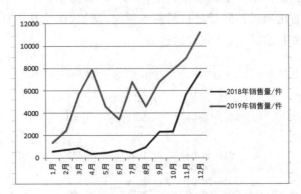

图 3-2-6 "木樨生活"网店 2018 年与 2019 年销售量比较折线图

(3)有助于分析某一类产品或客户的变化。

利用折线图,可以根据 2018 年前 9 个月的销售额稳步增长的情况,推断后续 3 个月依然能够保持这样稳定增长的状态,如图 3-2-7 所示。

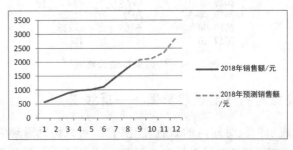

图 3-2-7 "木樨生活"网店 2018 年 10—12 月销售额预测

利用折线图,可以在数据量较大的时候,使人能够清楚地看出某一类商品的销售额在一定时间内的增长趋势,还能够了解每个阶段的销售状况,知道每个阶段发生了什么,管理者可以通过折线图走势来制订更适合的营销方案。

接下来,继续沿用"木樨生活"网店平台上 2019 年 6 月面霜产品一整个月的访问量数据来展示如何制作折线图。

选中 C 列,单击"插入"—"折线图",选择一个合适的样式,如图 3-2-8 所示。

确定折线图样式并单击样式标签后,生成一张标题为"增长量"的折线图,如图 3-2-9 所示。

单击标题,修改"增长量"为"2019 年 6 月访问量增长量",如图 3-2-10 所示。

通过分析图 3-2-10 可以得出,在 6 月中旬之前,访问量增长量没有很大的变化,一直处

图 3-2-8　选中列并选择折线图样式

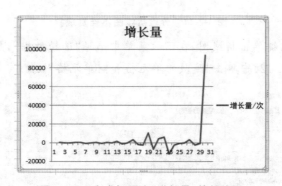

图 3-2-9　生成标题为"增长量"的折线图

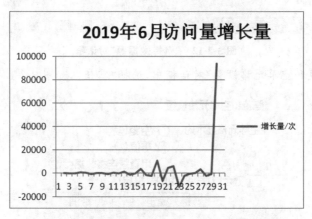

图 3-2-10　修改标题为"2019 年 6 月访问量增长量"

于相对稳定的状态。直到 6 月 19 日,访问量增长量为 10 000 次左右,出现该现象的原因可能是"6·18"促销活动。6 月 20 日出现负增长量,显然是由于活动热度降低引起的。之后,一直到 6 月 29 日,访问量增长量在一定范围内发生波动,到 6 月 30 日,访问量突增 93 000 多次。由此可以说明,"6·18"促销活动能够刺激消费者对面霜的兴趣,并且 6 月底可能会有大批消费者有购买面霜的需求。卖家想要维持较高的访问量,可以在"6·18"促销活动开始之前进行预热,例如设置商品优惠券、分享裂变优惠券等活动,使访问量持续增加。"6·18"促销活动结束以后,还可通过返场活动维持访问量。

课外拓展

当选择一组有缺失值的数据,并用"插入"命令插入一个折线图时,会出现折线图不连贯的现象,如图 3-2-11 所示。

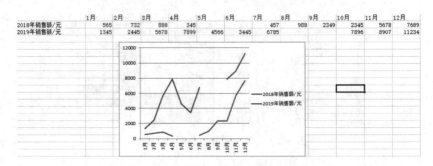

图 3-2-11 分段折线图不连贯现象

这种情况下,可右键单击折线图,在下拉菜单中选择"选择数据",然后在弹出的"选择数据源"对话框(见图 3-2-12)中单击"隐藏的单元格和空单元格"。

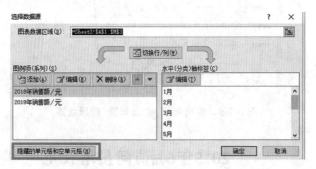

图 3-2-12 "选择数据源"对话框

在弹出的"隐藏和空单元格设置"对话框中,选择"零值",如图 3-2-13 所示。

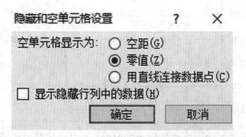

图 3-2-13 "隐藏和空单元格设置"对话框

单击"确定"后,可得到连续的分段式折线,如图 3-2-14 所示。

技能实训

请按照上述方法利用 Excel 制作一个能随着数据的变动而变动的折线图。

◆ 3.2.3 移动端和 PC 端增长趋势对比分析

移动端和 PC 端的增长趋势分析是网店访问数据分析的常见板块,对二者进行对比分析

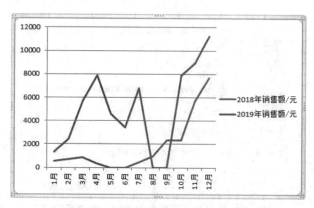

图 3-2-14　调整后所得连续的分段式折线

可以帮助网店经营者了解网店访问的来源端口,从而优化广告投放、流量购买等营销方案。

在这里,以"木樨生活"网店的某款护手霜七年间每年的总访问量作为依据来分析移动端与 PC 端的变化趋势,具体数据如表 3-2-2 所示。

表 3-2-2　2012—2018 年"木樨生活"网店某款护手霜访问量

年份	2012	2013	2014	2015	2016	2017	2018
年度总访问量/万次	8.9	9.8	10.1	11.1	12.9	13.7	15.8
移动端访问量/万次	1.1	2.254	3.131	4.329	5.805	7.809	10.112
PC 端访问量/万次	7.8	7.546	6.969	6.771	7.095	5.891	5.688

(1)选中原始数据(这里选择"移动端访问量/万次""PC 端访问量/万次"这两行数据),单击"插入"—"折线图",得到如图 3-2-15 所示的折线图。

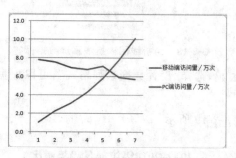

图 3-2-15　由移动端访问量和 PC 端访问量数据生成的折线图

(2)针对表 3-2-2 中数据小数点后位数较多的问题,选中表格内的原始数据,单击右键,在下拉框里选择"设置单元格格式",在"数字"—"分类"中选择"数值",设置小数位数为 1 位,如图 3-2-16 所示,单击"确定"。

返回原始数据表格,会发现以前烦琐的数据变成了只有一位小数的相对简单的数据,如图 3-2-17 所示。

(3)选中折线图内的折线,单击鼠标右键"添加数据标签",如图 3-2-18。

(4)用同样的方法把两条折线的数据标签添加完毕后,在折线图区域,单击右键,选择"图表布局"—"布局 2",并将"图表标题"更改为"2012—2018 年访问量趋势对比"。

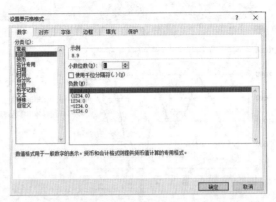

图 3-2-16 设置单元格内数值的小数点后位数

2012—2018年"木樨生活"网店某款护手霜访问量

年份	2012	2013	2014	2015	2016	2017	2018
年度总访问量/万次	8.9	9.8	10.1	11.1	12.9	13.7	15.8
移动端访问量/万次	1.1	2.3	3.1	4.3	5.8	7.8	10.1
PC端访问量/万次	7.8	7.5	7.0	6.8	7.1	5.9	5.7

图 3-2-17 调整小数位数为"1"后的数据

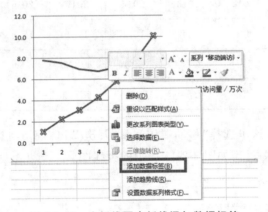

图 3-2-18 为折线图内折线添加数据标签

（5）右键单击折线图区域，选择"设置数据系列格式"，可以根据需求调整折线的颜色、粗细等。

调整后的折线图如图 3-2-19 所示。

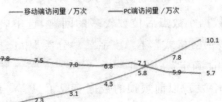

图 3-2-19 添加数据标签、调整布局、更改标题、设置数据系列格式后的折线图

（6）右键单击折线，选择"设置数据标签格式"，把数据标签放置在靠上或靠下等位置，

使得数据清晰可见,如图 3-2-20 所示。

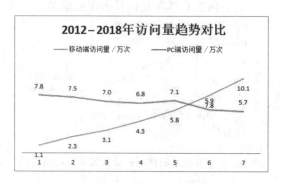

图 3-2-20 设置数据标签格式后的折线图

至此,该款护手霜产品在不同客户端下的年度访问量趋势对比折线图已完成。由图 3-2-20 明显可以看出,PC 端的访问量在逐年减少,而移动端的年度访问量大幅上升。但是,仅知道这一大致趋势依然不够,接下来,利用原始数据算出移动端及 PC 端的访问量分别在总访问量中的占比。

首先,在 Excel 中新增两行,命名行标题为"移动端访问量占比"及"PC 端访问量占比",然后利用公式计算"对应单项访问量/年度总访问量"的值,保留一位小数,如图 3-2-21 所示。

2012—2018年"木樨生活"网店某款护手霜访问量

年份	2012	2013	2014	2015	2016	2017	2018
年度总访问量/万次	8.9	9.8	10.1	11.1	12.9	13.7	15.8
移动端访问量/万次	1.1	2.3	3.1	4.3	5.8	7.8	10.1
PC 端访问量/万次	7.8	7.5	7.0	6.8	7.1	5.9	5.7
移动端访问量占比	0.1						
PC 端访问量占比	=B12/B10						

图 3-2-21 新增两行并设置公式及小数位数

在一个单元格内将公式设定好后,把光标移到单元格右下角,光标变成"+",按住鼠标左键向右拖动,用相同公式计算的单元格就会自动计算出结果。

然后,选中新增的两行数据,右键单击"设置单元格格式",选择"百分比",设置"小数位数"为"2",得到的访问量数据如图 3-2-22 所示。

2012—2018年"木樨生活"网店某款护手霜访问量

年份	2012	2013	2014	2015	2016	2017	2018
年度总访问量/万次	8.9	9.8	10.1	11.1	12.9	13.7	15.8
移动端访问量/万次	1.1	2.3	3.1	4.3	5.8	7.8	10.1
PC 端访问量/万次	7.8	7.5	7.0	6.8	7.1	5.9	5.7
移动端访问量占比	12.0%	23.0%	31.0%	39.0%	45.0%	57.0%	64.0%
PC 端访问量占比	88.0%	77.0%	69.0%	61.0%	55.0%	43.0%	36.0%

图 3-2-22 将占比数据设置为百分比后的访问量数据

选中新增的两行占比数据,单击"插入"—"折线图",选择"布局 10",将横坐标改为"年份",纵坐标改为"百分比",标题改为"不同客户端年访问量占比示意图",所得折线图如图 3-2-23 所示。

通过分析"2012—2018 年访问量趋势对比"折线图和"不同客户端年访问量占比示意图"可以知道,PC 端访问量在 2012 年明显高于移动端访问量,但是两者的差距越来越小,直到 2017 年,移动端访问量超过 PC 端访问量,并且 2018 年两者的差距逐渐增大。出现该现象的原因,可能是近年来智能手机的普及,人们通过手机就可以查看各种信息,并且手机携

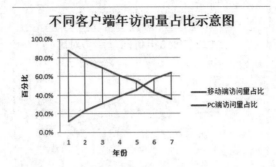

图 3-2-23 用新增的两行占比数据生成的折线图

带方便,可以随时随地访问网店。根据这一趋势数据,网店管理者可以重视移动端页面的优化,吸引更多用户访问。

3.3 访问量流失分析

经过活动推广等运营方式,网店已吸收一部分用户,且活跃用户量在稳步增加。但是,用户的流失也一直存在,且在总用户量中占比较高。当前网店获客成本较高,抓住已经访问的用户并延长其"生命周期",是保证网店稳定发展、节流创收最直接的方法之一。分析用户流失原因,召回流失的用户,对用户流失进行预防,是网店运营必须重视的。

◆ 3.3.1 访问流失趋势表

"木樨生活"网店在日常运营中不断尝试以新的渠道吸引新用户,扩大用户群体,最后却发现,虽然用户量越来越大,但整体的销售情况却没有很大改善。通过对数据进行详细分析,网店管理者发现,出现该问题的原因是没有很好地对老用户进行维护,导致老用户的活跃度不高,最终导致失去了部分老用户。访问流失趋势表就能帮助电商企业管理者更好地了解和分析相关内容,从而预防、规避相关问题。

通常网店中用户管理的主要目标是发掘新用户、维持老用户。光吸引新用户是不够的,还需要保持新用户及老用户的活跃度,也就是新、老用户对网店的访问量,进而才能够持久地为网店创造盈利价值。

在这里,可以把用户分为活跃用户和流失用户。活跃用户的访问量是衡量一个网店运营现状的根本;而流失用户所流失掉的访问量则用来分析该网店是否有可能被淘汰,以及是否还有潜力吸引新客户。

1. 活跃用户

判断用户是否属于活跃用户,需要定制一套活跃用户审核标准,然后以每日、每周、每月等时间段统计活跃用户的访问量,并利用这些数据分析活跃用户的变化趋势及占比。

2. 流失用户

流失用户是指一段时间内未访问或者未登录过网店网站的用户,每个网店网站对流失用户的定义不同,通常认为,超过一个月未登录则可以确定为该用户已流失,进而使得网店访问量减少。

3. 流失率

市场上统计流失率通常有两种方式：

(1)一段时间内未访问或者未登录过网店的用户；

(2)一段时间内没有任何交易行为的用户。

流失率的统计时间可以是一天、一周，也可以是一个月、一年，可以根据不同的需求进行设置以满足管理者的要求。

4. 访问量流失的变化趋势

需要知道的是，用户的流失并不是永久的，可能因为该网店网站暂时对用户没有作用，用户会有很长一段时间不登录；还有一种可能是，这部分流失掉的用户会因为某次促销，或者某次宣传活动而回归，从而增加网店的访问量。

因此，对于访问量的减少，管理者需要分析问题出在哪里，然后尽可能地减少访问量的流失，避免这种趋势的增长。

5. 访问流失趋势表的制作

制作一张访问流失趋势表（即访问量变化趋势表）的步骤如下：

(1)进入 Excel 程序，新建一个空白工作簿，输入相应的信息。这里以"木樨生活"网店的某款香水 2018 年每个月的访问量数据为例。首先，输入 2018 年 1—12 月每月的总访问量，单位为万次，然后选中单元格 B4，输入公式"＝(B3－B4)"，如图 3-3-1 所示。

	A	B	C	D
1				
2	时间	总访问量/万次	月流失访问量/万次	访问量流失率
3	2018年1月	12.5		
4	2018年2月	11.6	=B3-B4	
5	2018年3月	11.2		
6	2018年4月	10.8		
7	2018年5月	9.6		
8	2018年6月	9.1		
9	2018年7月	8.5		
10	2018年8月	7.2		
11	2018年9月	7		
12	2018年10月	6.9		
13	2018年11月	5.8		
14	2018年12月	3.2		

图 3-3-1　输入每月流失访问量计算公式

(2)按"Enter"键确认，得出单元格 B4 的数值，即为 2018 年 2 月份相对于 1 月份所流失的访问量，然后把鼠标光标移至单元格 B4 右下角，待光标变为"＋"，单击鼠标左键并按住向下拖拽至单元格 B14，得到所有月份之间的月流失访问量数据，如图 3-3-2 所示。

	A	B	C	D
1				
2	时间	总访问量/万次	月流失访问量/万次	访问量流失率
3	2018年1月	12.5		
4	2018年2月	11.6	0.9	
5	2018年3月	11.2	0.4	
6	2018年4月	10.8	0.4	
7	2018年5月	9.6	1.2	
8	2018年6月	9.1	0.5	
9	2018年7月	8.5	0.6	
10	2018年8月	7.2	1.3	
11	2018年9月	7	0.2	
12	2018年10月	6.9	0.1	
13	2018年11月	5.8	1.1	
14	2018年12月	3.2	2.6	

图 3-3-2　所有月份之间月流失访问量数据

(3)计算访问量流失率。访问量流失率＝月流失访问量/上个月的总访问量×100%。这样算出来就是上个月到这个月的访问量流失率。选中单元格 D4，输入公式"＝C4/B3"，按"Enter"键得出流失率。同理，下拉求出所有访问量流失率。

(4)访问量流失率的数值计算出来后相对比较复杂,选中 D 列,右键单击"设置单元格格式",在弹出的对话框的"数字"选项卡内,选中"百分比",然后设置"小数位数"为"2",效果如图 3-3-3 所示。

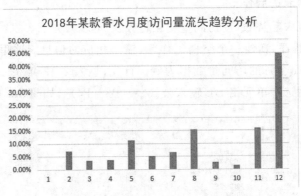

图 3-3-3　计算访问量流失率并设置格式

(5)选中 D 列,插入簇状柱形图,得到访问量流失率的图表,更改标题为"2018 年某款香水月度访问量流失趋势分析",如图 3-3-4 所示。

图 3-3-4　访问量流失率的柱形图

显然,2018 年的营销策略不是很完善,可能是没有新产品上市,导致 2018 年的该款香水产品的访问量流失,尤其是在快到"双 11"及圣诞节等可以进行大量促销的时间,由于管理者没有引起重视,没有采取大规模的促销宣传手段,12 月份的流失率达到巅峰,足有近 45%,将近一半的用户流失,需要引起警惕。

3.3.2　访问流失原因分析

根据访问量流失趋势,管理者及数据分析者需要寻找流失掉的访问量的共性,比如,老用户为什么不再登录网店查看香水信息;新用户为什么注册完后也不再登录;这些访问量为什么流失;是何时流失的,等等,只有找到真正的原因,才能够对症下药。

管理者希望尽快寻找到访问量流失的原因,可以通过上线新的产品"唤回"某些用户,提高访问量。具体要点如下。

(1)要知道用户想要在网店里找什么类型的商品。卖家可以统计分析一下各商品的访问量,通过数据可以最大限度地看到哪类商品需求量大,哪类商品需求量小,哪些商品近期的流失率较大。

图 3-3-5 所示为截取的"木樨生活"网店部分类别商品的年度访问量。

选中 C 列,点击"排序与筛选",选择降序排列,得出访问量最高的 5 类商品,制作柱状图,并添加数据标签,如图 3-3-6 所示。

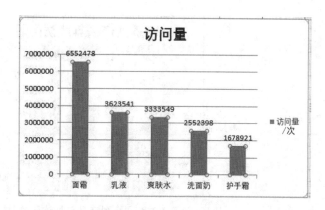

图 3-3-5　截取的"木槿生活"网店部分类别商品的年度访问量

图 3-3-6　商品访问量柱状图

从图 3-3-6 中可以看出,"木槿生活"网店的面霜、乳液、爽肤水、洗面奶及护手霜在网店平台上是访问量最高的 5 类商品。那么,在这 5 类商品中访问量最大的系列又有哪些?每个销售大类中访问量最高的产品系列如图 3-3-7 所示。

商品名称	产品名称	访问量/万次
面霜	焕白系列	55.2
	紧致系列	50.3
	保湿系列	42.6
乳液	平衡美白系列	20.4
	保湿稳定系列	18.9
	清爽系列	16.8
爽肤水	美白系列	45.3
	平衡系列	41.1
	补水系列	35.2
洗面奶	净颜系列	25.4
	黑金系列	24.1
	纯净系列	20.9
护手霜	樱花系列	25.4
	玫瑰系列	16.8
	果木系列	14.7

图 3-3-7　每个销售大类中访问量最高的产品系列

框选 K、L、M 列,选择"插入"—"柱形图"—"二维柱形图",确定柱形图类型后,更改标题为"系列产品年度访问量"。为了更加美观,选中柱形图,选择"设计"—"图表样式"—"样式 6",然后在"图表布局"中选择"布局 2",最终效果如图 3-3-8 所示。

从图 3-3-8 中可以看出,各类商品中,面霜的访问量最高,其中访问量为前三名的面霜产品系列的年度访问量均在 40 万次以上,而乳液的访问量相对较小。通过这些,大致可以分析出来网店里哪些产品的访问量较高、用户的需求量较大,可以利用该数据设置搜索关键词以提高用户的点击率等。

(2)根据上一步的分析,在知道了用户想要什么样的商品以后,要查看网店的商品是否能满足用户的需求。

首先,从最受欢迎的 5 类商品数量的占比上看是否能满足用户需求。

商品数量的占比=该类商品数量/商品总量。利用该公式,能够算出"木槿生活"网站的面霜、乳液、爽肤水、洗面奶及护手霜这 5 类商品分别在商品总量中的占比,如图 3-3-9 所示。

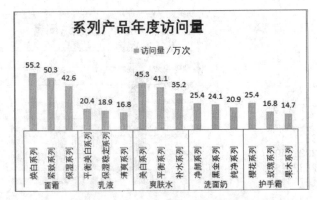

图 3-3-8 “系列产品年度访问量”柱形图最终效果

O	P	Q	R
商品名称	商品数量/件	商品总量/件	占比
面霜	25346	708932	3.58%
乳液	21086	708932	2.97%
爽肤水	19685	708932	2.78%
洗面奶	17456	708932	2.46%
护手霜	16657	708932	2.35%

图 3-3-9 计算得出 5 类商品在商品总量中的占比

选中数据中的“商品名称”及“占比”两列，单击“插入”—“柱形图”—“二维柱形图”，设置“图表样式”为“样式 4”，“图表布局”为“布局 10”，选择“添加数据标签”，再选中柱形图上的数据，单击右键，选择“设置数据标签格式”，在弹出的对话框的“标签选项”内将“标签位置”从“数据标签内”更改为“数据标签外”，然后，更改标题为“5 类访问量最高商品的数量占比”，最终效果如图 3-3-10 所示。

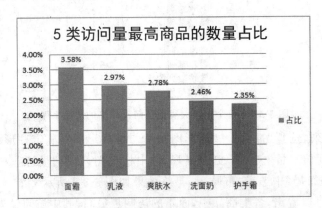

图 3-3-10 5 类商品数量在商品总量中占比的柱形图

结合图 3-3-10 中的数据可以算出，访问量最高的 5 类商品数量占总商品数量的 14.14%，才能够满足用户的需求。

其次，在足够大的产品供应量的情况下，应继续分析网店对于这 5 类商品的推送机制是否合理，也就是当用户搜索某类商品时，出现的商品是否能满足用户需求，由此需要对比访问量最高的商品及销量最高的商品在一年内的购买次数，如图 3-3-11 所示。

选中 B 列及 D 列中的数据，插入柱形图，最终效果如图 3-3-12 所示。

从图 3-3-12 中可以看出，访问量最高的 5 类商品的购买次数远远低于销量最高的 5 类商品的购买次数，通过这些数据能够分析出，网店的推送机制并不合理，推送的量并不能够

A	B	C	D
访问量最高的商品	购买次数	销量最高的商品	购买次数
面霜	1111	面膜	1456
乳液	689	卸妆水	1367
爽肤水	685	面霜	1111
洗面奶	548	散粉	978
护手霜	532	口红	890

图 3-3-11　访问量最高的商品及销量最高的商品在一年内的购买次数对比

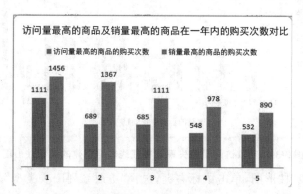

图 3-3-12　"访问量最高的商品及销量最高的商品在一年内的购买次数对比"柱形图

满足用户的需求,从而导致这部分用户的访问量流失。因此,管理者需要增加访问量较高的商品的推销手段,例如促销、互动、首页设置推送、设置搜索关键词等,促进提高访问量较高的商品的转化率,降低访问量流失率。

3.3.3　设置流失率警戒线

流失率警戒线是管理者根据该项目的历史数据统计分析出来的一个数值,需要网店运营者根据实际情况来进行总结定义,流失率数值一旦超过警戒线,则需要管理者与运营者引起重视,分析导致流失率过大的原因并采取有效减少流失率的措施。通常情况下,流失率警戒线需要和销售目标相联系,需要考虑销售目标计划,将其分摊到每个用户的平均消费上来得出预计的用户量级,且应考虑每个月的用户增长速度及流失率,当流失率被控制在临界值以下时才能确保完成对应的销售计划。一般在临界值上添加 10% 的缓冲,就能将相关的警戒线(值)计算出来。

警戒线的设置方法具体如下:

(1)沿用前文所使用的 2018 年某款香水的流失率数据(见图 3-3-3)。选中 E2 单元格,输入"警戒线",然后选中 E4 单元格,输入"20.00%",然后将该单元格内容复制粘贴到 E5 至 E14 单元格中,结果如图 3-3-13 所示。

	A	B	C	D	E
1					
2	时间	总访问量/万次	月流失访问量/万次	访问量流失率	警戒线
3	2018年1月	12.5			
4	2018年2月	11.6	0.9	7.20%	20.00%
5	2018年3月	11.2	0.4	3.45%	20.00%
6	2018年4月	10.8	0.4	3.57%	20.00%
7	2018年5月	9.6	1.2	11.11%	20.00%
8	2018年6月	9.1	0.5	5.21%	20.00%
9	2018年7月	8.5	0.6	6.59%	20.00%
10	2018年8月	7.2	1.3	15.29%	20.00%
11	2018年9月	7	0.2	2.78%	20.00%
12	2018年10月	6.9	0.1	1.43%	20.00%
13	2018年11月	5.8	1.1	15.94%	20.00%
14	2018年12月	3.2	2.6	44.83%	20.00%

图 3-3-13　设置"警戒线"数据列

(2)框选 D 列及 E 列,单击"插入"—"柱形图"—"簇状柱形图",更改标题为"2018 年某款香水月度访问量流失趋势分析",如图 3-3-14 所示。

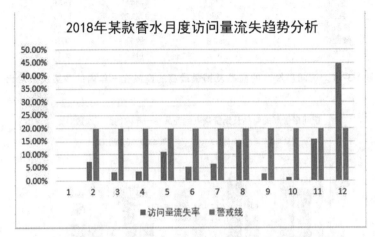

图 3-3-14　以访问量流失率及警戒线数据创建的簇状柱形图

(3)选中"警戒线"柱形图,单击鼠标右键,选择"更改系列图表类型"—"组合图",选中组合图一,如图 3-3-15 所示。有些版本需要选中"警戒线",然后在下拉菜单里选择"折线图"。

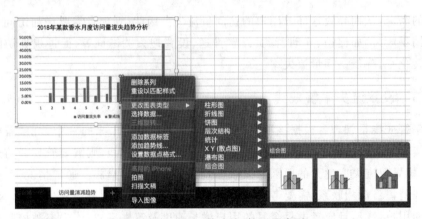

图 3-3-15　更改"警戒线"柱形图类型

由此,"警戒线"柱形图变成了折线图,效果如图 3-3-16 所示。

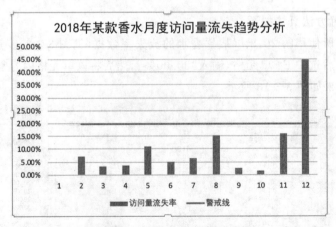

图 3-3-16　"警戒线"折线图效果

(4)右键单击"警戒线"折线图,选择"设置数据系列格式",在"线条"面板上将"短划线类型"更改为"圆点",如图 3-3-17 所示。

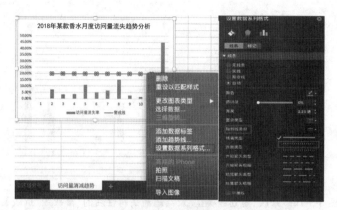

图 3-3-17　修改"警戒线"折线图的"短划线类型"

(5)在"结尾箭头类型"下拉菜单中选择合适的箭头。这里选择"开放型箭头",接着在"结尾箭头粗细"选项中选择"右箭头 5",如图 3-3-18 所示。

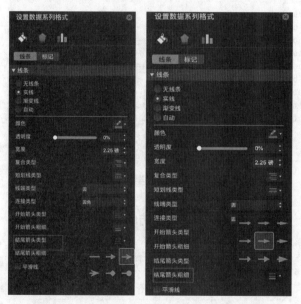

图 3-3-18　修改"警戒线"折线图的结尾箭头属性

完成以上选择后,"警戒线"折线图效果如图 3-3-19 所示。

(6)选中"访问量流失率"柱形图单击右键,选择"添加数据标签",即可给每个柱形图例添加数据标签,如图 3-3-20 所示。

(7)为了美观,选中数据标签,单击右键选择"字体",可以根据需求选择字体颜色及大小,还可以设置阴影等格式,这里只更改了颜色。

至此,一张带有流失率警戒线的访问量流失趋势分析图就完成了,最终效果如图 3-3-21 所示。

根据图 3-3-21,1—11 月的访问量流失率均在警戒线以下,而 12 月的访问量流失率远远高于警戒线。管理者及运营者应充分分析流失率增大的原因,尤其应对 12 月份情况进行分析,并及时采取有效的措施来减小流失率。例如,可以选择在 12 月份进行各种促销活动,加

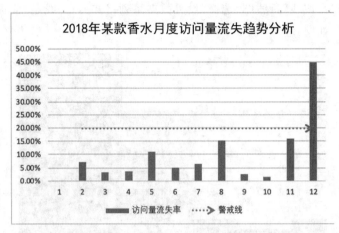

图 3-3-19　修改"短划线类型"及结尾箭头属性后的"警戒线"折线图

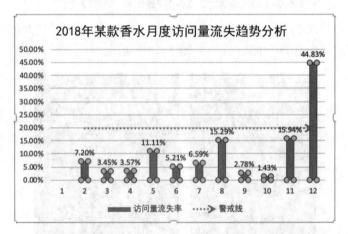

图 3-3-20　给"访问量流失率"柱形图添加数据标签

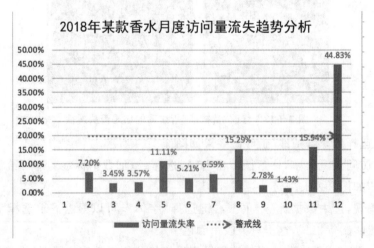

图 3-3-21　带有流失率警戒线的访问量流失趋势分析图

大对该款香水的宣传力度。

技能实训

请按照上述方法,制作一张带有流失率警戒线的用户量流失趋势图。

3.4 转化率分析

转化率分析是指对在一个统计周期内完成转化行为的次数占推广信息总点击次数的比率进行分析。转化率能够反映出网店的整体成交转化情况,对于网店运营来说是非常重要的数据。

◆ 3.4.1 转化率的计算

产品转化率指产品中单一交互行为和总体功能之比或使用后与使用前的用户数量之比。前者通常被称为行为转化率,后者被称为总体功能转化率。考量标准是希望考量目标做到的行为,即期望行为,比如阅读完一篇文章、完成一次注册、绑定银行卡、支付成功等。"点击率"中"点击"就是期望行为,"转发率"中"转发"就是期望行为,依次类推还有"下载率""激活率""购买率""打开率""成交率""复购率"等。因为总人数在一定范围(受到活动大小、渠道的制约)内是固定的,所以就要想办法提高完成期望行为人数来增加转化率。

可以用以下公式简单地对一种行为的转换率进行定义:

$$行为转化率 = 期望行为数/行为总数$$

在电商行业里有更明确的指标体系来衡量相关结果。通常情况下将最终完成商品交易作为最终转化成功,可以以所有查看商品的用户数作为基数,统计其中有多少用户将商品添加到购物车里,多少用户进行了支付,多少用户完成了最终的交易。

当然这里可能还省略了一些详细步骤,具体内容需要根据电商的具体业务流程来定义。针对不同环节行为的转化率,可以进行更详细的定义。总体功能转化率计算公式为

$$总体功能转化率 = 行为转化率1 \times 行为转化率2 \times \cdots \times 行为转化率n$$

转化率分析的本质是为了促进企业核心业务的流通,提升盈利的能力。

比如,销售额 = 流量 × 转化率 × 客单价,如果需要提高企业的销售额,有三种方式:①花钱做推广,增加流量;②优化注册、购买流程,提高转化率;③通过满减、捆绑商品等促销方式,提高客单价。很明显,提高客单价短期内可行性较差,且调整商品定价是个复杂的工作,短期内大幅度提升客单价容易导致市场竞争力下降,同时品牌和口碑也会受到负面影响,造成不可挽回的损失。对于增加流量,如果企业的市场预算充裕,多花点钱做推广也是可行的,但对许多企业来说,如果不是处于产品生命周期中的成长期或成熟期,"烧钱"的策略并不可持续。因此,只有提升转化率才是企业提升销售额性价比最高的方式。

提升转化率的好处有:①可以花同样多的钱达到更好的效果,提升投资回报率;②可优化转化流程,提升用户体验和品牌满意度;③优化过的转化流程可以长久发挥作用,是可持续的。

提到转化率,漏斗模型不得不说。"漏斗"中每一层都会有损耗,而漏斗模型可以帮助卖家分析从而减小整个过程的损耗量。需要注意的是,单一的漏斗模型对于分析来说没有任何意义,不能单从一个漏斗模型评价网店某个关键流程中各步骤的转化率的高低,必须通过趋势、比较和细分的方法对流程中各步骤的转化率进行分析,比如之前提到的,有多少用户将产品加入了购物车,其中又有多少用户进行了支付,在已经支付的用户中,又有多少用户最终完成了交易。针对不同环节之间过程的变化进行比对,可以找出相应的薄弱环节,从而

调整业务策略。

3.4.2 转化率分析——漏斗模型

营销漏斗模型指的是营销过程中将非潜在客户逐步变为客户的转化量化模型。营销漏斗模型的价值在于量化了营销过程各个环节的效率,有助于找到薄弱环节。

营销的环节指的是从获取用户到最终转化成购买的整个流程中的一个个子环节;相邻环节的转化率则是指用数据指标来量化每一个步骤的表现。所以,整体漏斗模型就是先将整个购买流程拆分成一个个步骤,然后用转化率来衡量每一个步骤的表现,最后通过异常的数据指标找出有问题的环节,从而优化该环节,解决问题,最终达到提升整体购买转化率的目的。

整体漏斗模型的核心思想其实可以归为分解和量化。目标和主要成果(objectives and key results,OKR)法的核心思想也是分解和量化。

采用OKR法首先是设定一个目标(objective),用"O"表示,即大O,然后将该目标拆分为若干个子目标,即小O,最后将小O设定为若干个可以量化的关键结果(key results,KRs),用来帮助自己实现目标。目标分解量化如图3-4-1所示。通过达成量化的KRs来实现小O,最终达成大O,可以看到整个过程中的关键也在于分解和量化。

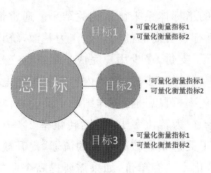

图 3-4-1 目标分解量化

漏斗模型不仅仅是一个模型,更是一种方法论、一种思维方式,可以通过目标分解和量化的形式,将问题不断进行拆解,最后通过量化的形式来辅助达成目标,或者针对异常的步骤进行调整优化,最终达到总目标。它可以广泛应用于流量监控、产品目标转化(转化漏斗)等日常数据运营工作中,也可以用于产品、服务销售(销售漏斗)。在电商网站或者网店的数据统计中,一般会更侧重于使用转化漏斗。

电商网站或网店常用的漏斗模型如图3-4-2所示,用于监控每个层级上的用户转化。这里设计的默认用户选购流程是:选择浏览商品,假设这里是用户"购物之旅"的开始;之后可能只有60%的用户将产品添加到了购物车中,有40%的用户直接放弃;同样,加入购物车的用户中只有50%的用户进入购物车结算页面;进入结算页面的用户又只有40%进行了订单信息的核对;核对了订单信息的用户群体中又只有40%提交了订单;提交了订单的用户中只有40%选择了支付方式;最后选择了支付方式的用户中可能只有80%的用户真正完成了支付。通过这种漏斗模型可寻找每个层级的可优化点。对于没有按照流程操作的用户,可专门绘制他们的转化模型,缩短路径,提升用户体验。

当然,上述只是一个典型流程,实际的用户选购过程可能会有区别,如一个用户可能查

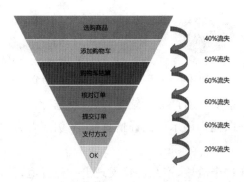

图 3-4-2 电商网站或网店常用的漏斗模型

看了多个商品之后才把选中的商品放入购物车,然后直接退出,之后添加了别的商品,再把之前购物车里的商品一起结算并完成支付。同样,在整个支付过程完成后,可能会有快递异常、退货等其他行为。类似的用户行为可以构建不同的漏斗模型来进行更详细的分析。这里不再赘述。

通过漏斗模型,能够看到每个环节转化率发生的变化,帮助管理者进一步分析电商网站或网店在内容构建过程中存在的薄弱环节,从而进一步优化用户体验。可以想象,如果没有针对每个环节进行细化分析,将只能得到一个非常简单的结果:进入网店的用户,有 1.54% 最终完成了购物,但是却无法知道各环节中存在的问题及其原因,也无法探究用户在哪个环节大规模地放弃了继续购物。

这就是需要使用漏斗模型进行转化率分析的原因:它能帮助管理者更好地划分每个用户购买行为阶段,明确每个环节的相应效率,辅助制订站点优化策略。

◆ 3.4.3 提高转化率的对策

计算完网站当前的转化率,并进行了相应分析后,就需要考虑如何提高电商网站或网店的转化率了。合理优化流量到站后的目标转化,可以大幅提升电商网站或网店的收益,让网站或网店运营事半功倍。转化率的定义是通用的,但是针对转化率的优化却没有统一的方法和手册。简而言之,针对转化率的优化,需要具体问题具体分析,具体处理。这里介绍一些针对站点转化率的分析优化策略来辅助进行提高转化率的对策制订。

首先,要确保在同一个页面里只有一个明确的目标,不要去分散用户的注意力而提高用户行为的不确定性。在同一个页面内,有些运营者不仅想将访客转化为销售线索,还要推广热门产品,同时还要收集订阅者的电子邮件,这种做法是不推荐的。这样不仅会在内容设计上造成不同区域的相互影响,分散用户的注意力,也不利于进行用户行为的系统分析。正确的做法是为网站或网店设立一个明确的目标,然后将它分解成几个可实现的小目标,分别放在不同的页面上。

其次,需要打通销售漏斗和转化优化流程,必须把转化率优化相关工作融入销售漏斗。销售漏斗可以由多个环节组成,每两个相邻的环节之间都通过一个转化率指标来衡量。那么,转化率优化的工作必须紧密围绕漏斗中的每个环节去展开。一般来讲,在销售漏斗中,可以把用户划分成 5 个阶段的群体,如图 3-4-3 所示。

阶段一,陌生阶段:他们只是在网上随意浏览,有可能会接触到某个网站或网店。在这个阶段,能和他们互动的媒介只有网站或网店,一般为活动页和广告页。

图 3-4-3 不同阶段的用户群体划分

阶段二,好奇阶段:这些访客对产品介绍感兴趣,想进行更深入的了解。此时,让他们转入关注阶段的最好方法是向他们展示产品详情页面、案例或者客户声音,并设计快捷入口让他们注册账号。

阶段三,关注阶段:在这个阶段,产品已经展现出一些价值,但这些潜在的客户还不确定网站或网店是否能解决他们的需求痛点。此时,为他们提供产品试用服务或者产品样品都是提升使用量很好的办法。

阶段四,使用阶段:在这个阶段,用户已经认同网站或网店的价值。此时开始销售网站或网店的产品和服务,就能慢慢地提升收益。

阶段五,赞同阶段:购买完成,但转化率优化的过程并没有结束。在这个阶段,电商企业或网店管理者可以尝试着跟用户进行更多的互动,让用户感受到自身对于网站或网店的价值,这样他们就会持续关注网站或网店,更加赞同网站或网店的产品和服务,并将网站或网店推荐给其他人。

此外,还要明确转化的目标,在开始优化转化率之前,必须收集所有可量化的数据,全面了解网站运行的现状。通过给转化流程各环节的关键数据设立目标,可以精确判断转化率是否得到了提升。可以针对以下具体内容进行分析:

(1)流量到来的高峰时段;
(2)用户的平均停留时间和跳出率;
(3)上个统计周期的自然流量;
(4)新用户访问数和老用户回访数;
(5)不同设备访问群体划分。

这些信息都能帮助管理者进一步制订业务策略和优化方案。比如,在访问高峰时,可以对服务进行扩容,提高响应速度,优化用户体验。根据不同页面的留存时间和跳出率可以考虑针对页面内容进行调整优化。新老用户比可以指导管理者选择针对老用户进行留存方案的优化或进一步引流扩展新用户。

最后,还需要结合数据统计,进一步了解用户意图。常规的用户调研具有极大的随机性和偶然性,其中对于用户样本的筛选、问题内容的设置(包括样本数量和提问的方式)等,每一个环节的微小差异都有可能让最后的调研结果千差万别。在用户成本逐日攀升的情况下,完全可以用更精确的方式(例如热力图)来了解用户的意图,让客观的数据帮管理者做出最正确的决策。注意力热力图是根据用户实际浏览页面各部分的时长,显示用户在某个内容板块的注意力程度,浏览时间越长的区域热度越高(红色)。使用注意力热力图可以很轻松地找到用户感兴趣的区域,分析这些区域的内容能帮助电商企业管理者快速发现用户的意图。

课外拓展

提高转化率的实用小技巧：

(1)价格属性：设置低价商品，带动流量，更容易吸引用户购买。

(2)销量多少：提高好评数量及好评内容上的含金量，有效提高转化率。

(3)主图视频：给每个商品配上高清图片、3D效果及视频，有助于用户了解商品，提高流量。

(4)主图策划：最重要的主图需要体现商品与竞争商品之间的差异性，凸显本商品的优势。

(5)访客精准度：抓准流量巨头，增加曝光率，通过搜索寻找大概率客户。

(6)访客价格属性：根据不同的用户推荐相应价格档次的商品，更容易提高转化率。

(7)优惠力度：主图上可增加促销信息，利用优惠券增加用户购买欲望，优惠券的可叠加使用可以提升转化率。

实训大作业

1. 实训背景

对于每个网店来说，网店装修都是非常重要的。一般所说的网店装修包含两个方面：一是网店首页装修；二是网店商品的详情页装修。网店的商品详情页无论是在流量入口的占比，还是全店流量的占比都是最大的，一般超过80％，因此，商品详情页的装修对提高全店的转化率至关重要。

2. 实训目标

(1)学会对网店的流量进行分析。

(2)掌握提升转化率的方法。

3. 实训要求

在一家网店选择一个移动端流失率较高的商品，获取该商品的详情页装修的各个元素与客户的点击情况，以及该商品的转化情况、流量来源与去向、引流关键词效果、销售趋势，并对数据进行分析，然后在分析结果上提出优化方案。

项目小结

通过本项目的学习，读者可了解电商网站或网店运营过程中的一些基本内容，学习访问数据的相关概念，知道页面访问量、会话数及用户登录数之间的差别和联系，明白网站如何进行数据抓取和统计，能够使用相关数据进行网站或网店访问量及其流失率的相关统计，并通过绘制相关趋势图来进一步呈现相应情况以帮助决策。

此外，本项目对网站或网店运营中的一个非常重要的指标进行了深入介绍，那就是转化率——所有用户最终实现网站或网店目标的比值，即总流量中有多少人达到了商务目标，更进一步将整个过程每个步骤再拆分，用漏斗模型来诠释整个用户生命周期在网站上或网店内的具体表现，帮助企业更好地迭代不足的环节，优化用户体验，提高转化率。

复习与思考

1. 电商企业进行访问量数据统计时,一般会关注哪些数据?
2. 什么是活跃用户?什么是用户流失?

项目 4

精挑细选：商品数据化管理

项目概要

面对成千上万个商品、成千上万条轨迹、成千上万个数据集，要想把他们安排在妥当的位置，想做一次系统的、精准的数据化管理，并不是一件容易的事，但很有必要。商品数据化管理是品类管理最核心的部分，其目标就是有目的地、高效率地收集、处理、使用各种信息。

数据化管理其实就是分析一些可量化的指标，通过数据的计算得到最终的结果。"木樨生活"网店的管理者希望通过商品数据化的方式，统计分析各类指标来获取一套能够帮助企业提高收益的产品配比营销方案，这也是本项目的主要内容。

学习目标

1. 理解什么是商品数据。
2. 掌握如何对商品数据进行收集。
3. 掌握针对商品定价的分析方法。
4. 理解什么是商品关联度分析。
5. 掌握商品关联度分析的指标和计算方式。
6. 能够分析商品的评价并了解评价优化策略。

4.1 认识商品数据

商品数据对企业信息化越来越重要。业务系统给企业提供了大量的数据,如何利用这些数据进行分析,并得到有价值的结果来指导企业的经营活动,是摆在所有企业面前的需要不断探索的课题。商品数据主要来自销售数据和商品基础数据,由此产生以分析结构为主线的分析思路。通过对商品数据指标进行分析,可指导企业进行商品结构的调整,加强所营商品的竞争能力,实现合理配置。

◆ 4.1.1 商品数据的范畴

在电商行业里,常常出现用户流失、访问量下降等现象,很大一部分原因是商品部门订货不当、配货不合理、补货不及时,等等,一旦存在这些问题,就会出现某种货品库存量较大、单品销售量低等状况,并且进货、货品分配、销售及其余供应链也会受到很大影响。此外,数据分析不够透彻会导致网店目标分配不均而引起工作人员热情下降,仓库发货不及时延误销售时间,盘点失误造成系统显示有货而实际无货等,这些现象也会造成用户流失。因此,要从广度、宽度、深度三个维度对数据进行思考。

商品需要分析的指标有很多,例如商品的折扣率、售罄率、动销率、畅销分析及周转率等。一个好的电商企业不仅要看重商品的周转情况,还要看重商品的利润及库存情况。商品分析的主要环节为采购环节、销售环节与库存环节,如图4-1-1所示,各个环节相辅相成,其具体内容指标大致如下。

图 4-1-1 商品分析的主要环节

1. 采购环节

(1)采购的宽度:当季商品订货的总量。

(2)采购的深度:当季商品订货的均深。

(3)采购匹配度:一种分析方法,也叫进销偏差,通过对比同类型商品数据中的品类、型号、颜色、价格、材质等分类,在某些适合采购的阶段以采购与销售的占比偏差来判断当季商品中该类商品预计采购的占比数。

2. 销售环节

(1)商品指标:货龄、售罄率、折扣率、动销率、齐码率。

(2)结构指标:品类结构占比、价格带占比、其他分类销存偏差分析(如一定空间及价格范围内的颜色与尺码分析等)。

(3)畅滞销分析:应季产品或新品种的"TOP 10"和库存"TOP 10"的商品分析,包括销售量、库存量、售罄率、可销周期等。

3.库存环节

(1)服务类指标:订单满足率、准时交货率。

(2)库存类指标:初期、末期库存量和平均库存量,库销比(以月为单位,为"初期与末期库存量的平均值/此期间的销售量"),可销天数(一般以周为单位,为"期末库存/(销售量/销售天数)")。

◆ **4.1.2 商品数据的收集**

针对商品的相关数据,在不同情况下,一般采取不同方式来处理与收集。数据获取方式如图4-1-2所示:如果是自有的网店或者电商平台,一般可以直接导出相关内部数据报表;若只是需要行业相关的泛化数据则可以通过一些数据统计站点导出相关数据;但如果目标明确,希望得到外部某个站点或者某个网店的商品数据,则可以考虑采用一些数据抓取收集工具。

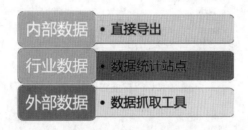

图 4-1-2 数据获取方式

1.内部数据

企业自创网店或者电商平台,一般会有属于自己的内部数据来源,并能独立完成相关商品数据的维护。通常情况下,针对企业自创网店或者电商平台的内容会有一个内容管理系统(content management system,CMS),系统用户帮助运维人员进行商品或者其他基本信息的编辑,运维人员可以通过该系统对相关的商品进行编辑,编辑完成后相应的商品信息就会自动更新到网店或者电商平台上。同时,运维人员还能针对商品是否上架及库存量等信息进行设置,从而对整个网店或者电商平台的上架商品等信息进行控制。

2.行业数据

在CMS中可以将行业内的相关数据进行导入、导出操作,操作文件类型一般为Excel表格。在Excel表格中按照要求将数据进行整理后便能通过CMS的数据上传功能将相应数据进行上传。同样,也能在CMS中对相关数据进行下载,保存到本地进行进一步处理。

3.外部数据

外部数据是指,在收集整个行业的相关统计数据作为相关数据的基础上,收集来自外部的数据用于衡量企业自创网店或电商平台的表现。这部分数据一般可以通过各大网站获取。

这里以"百度指数"为例。首先进入"百度指数"官网 http://index.baidu.com/v2/index.html#/ ,如图4-1-3所示,可以在查询关键字输入处键入用户想要了解的行业内容。

以"木樨生活"网店中包含的润肤乳产品为例,可以通过"百度指数"查看其被搜索的次数,从而了解其搜索热度和被关注的程度。在"搜索指数"结果中可以看到以日为单位的搜索次数,如图4-1-4所示。同时,可以通过右上角的筛选下拉框来对数据进行进一步过滤,如通过设置时间段选择要看的数据,还可以查看是通过什么设备进行访问请求的,例如是通过PC端浏览器还是通过移动端进行数据访问请求的,这对商家进一步制订后续业务策略有着非常重要的指导作用。

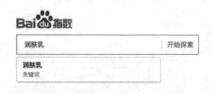

图 4-1-3 "百度指数"官网

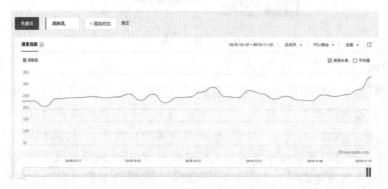

图 4-1-4 "搜索指数"结果

了解市场对产品的关注度后,商家可以进一步对产品销售信息进行了解,如利用"阿里指数"网站 https://index.1688.com 对产品近期的情况进行查询和了解,如图4-1-5所示,可以在关键字输入处输入想要了解的产品名称。

通过"阿里指数"查询"润肤乳"的结果如图4-1-6所示,可以分析出该类产品在淘宝上的销售情况,同时也能看到其在采购平台上的批发情况。

此外,通过"阿里指数"左侧二级功能菜单,还能进行更加复杂的细分查询,来查看更加详细的数据,甚至可以通过"阿里排行"菜单,看到具体品牌的排行信息,如图4-1-7所示,帮助商家更有目标地去了解、学习相关竞品。

针对其他平台的产品,通常无法直接导出相关数据或详细信息,但可以通过访问相关站点了解产品详细信息。一般来说,每个页面即不同的URL地址会指向一个不同的产品。访

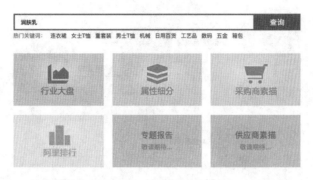

图 4-1-5 "阿里指数"网站

图 4-1-6 通过"阿里指数"查询"润肤乳"的结果

图 4-1-7 "阿里排行"界面

问不同页面并将相关的产品信息进行收集,就能收集到其他平台的商品信息。但是,在操作过程中,如果一个接一个地去访问页面,然后搜索其相关的数据并记录下来,工作量将会非常大,工作内容也非常枯燥。因此,可以应用一些脚本工具对相关数据进行摘录。此类脚本工具(数据抓取工具)的主要工作流程如图 4-1-8 所示。首先,给数据抓取工具一个 URL 地址;然后,数据抓取工具会发送一个 HTTP 请求到指定地址,并捕捉返回的内容;最后,按照内容格式要求,将相关数据进行存储。按照此种方法,可重复上述操作直到所有产品信息都被抓取为止。

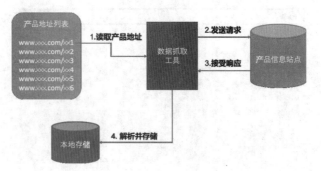

图 4-1-8　脚本工具(数据抓取工具)的主要工作流程

课外拓展

针对数据抓取工具,目前比较主流的方式是通过 Python 构建网页爬虫来进行数据抓取,通过构建脚本来进行数据抓取和本地存储操作。当然,还可以通过 puppeteer 脚本来达到相同的目的。Puppeteer 是 Google 推出的无界面浏览器,并能够通过 JavaScript 进行逻辑交互。想了解相关技术细节的读者,可以登录官网(https://github.com/GoogleChrome/puppeteer)进一步学习了解。

4.2 商品定价分析

价格通常是影响商品交易的重要因素,同时也是市场营销策略中最难掌控的因素。因此,定价策略是市场营销的一个十分关键的组成部分。企业定价的目的在于促进销售,获取利润,这就说明,定价时既需要考虑成本因素,还要考虑客户的接受能力,以促成买卖双方的交易为目的,因此,企业定价是企业对市场做出的灵敏反应。

企业对于商品的定价需要关注三点:
(1)对于第一次销售的商品如何定价;
(2)如何随着时间与空间的变化修订价格,以促使商品持续热销;
(3)如何针对竞争者的价格进行合理的调整。

价格的作用在于,企业可以利用消费者的非理性认知,把价格作为一种有力的竞争工具,通过不同的定价,影响消费者的选择并控制市场。价格是客户支付的成本,也决定着企业经营的利润,如何定价至关重要。

4.2.1　影响商品定价的因素

案例

一般半挂车均价为 50 000 元,而广州某公司生产和销售的半挂车报价却为 56 000 元,高出同类商品 6 000 元,却依然销售得很好,该公司是这样推销的:
50 000 元是与竞争者同一型号的半挂车价格;

7 000元是因商品使用年限更持久而必须多付的价格；

1 500元是因商品可靠性更好而多付的价格；

1 500元是为购买过程中更好的服务而多付的价格；

1 000元是为更长保修期而多付的价格；

61 000元是上述所有应付价格的总和，商家给了5 000元的折扣，因此56 000元是该商品最后的价格。

从以上案例可以看出，商品定价不是一种孤立存在的行为，它是一种商品价值的体现，并且会根据市场供求状况而有所变化。影响商品定价的因素主要有商品的成本及价值、市场供应情况、市场竞争因素及其他因素。

1. 商品的成本及价值

商品销售价格计算公式为

$$销售价格 = C + V + M$$

式中：C 为生产过程中消耗的全部生产材料的价值；

V 为生产劳动者自身创造的价值；

M 为生产劳动者为社会创造的价值。

由此可见，$C+V$ 是商品的成本，而 M 则是商品的盈利。

因此，商品的销售价格主要在成本及社会价值之间浮动，成本就是该商品价格的下限，低于这个下限，商家不但无利可图，甚至连简单的生存都无法维持。

简单来说，商品的价格＝成本＋利润＋税金。成本包含固定成本和变动成本两部分。企业一方面要尽可能地制订高于成本的销售价格；另一方面要努力采取各种方案或措施降低成本，使得该商品在同等价格的水平下，能够获取更多利润。

所以，在进行商品定价时，首先要考虑商品的成本及价值因素，同时，不应只考虑成本，还应协同产量、销量、资金周转等因素进行综合考虑。

2. 市场供应情况

商品价格除了受成本影响以外，还受到商品供给与市场需求之间关系影响：

(1) 供求平衡：价格相对稳定。

(2) 供大于求：价格会相对低一些。

(3) 供不应求：价格浮动，会高一些。

这种变动也会影响市场的需求情况，因此，企业定价时需要调研市场需求及价格的影响程度，而这个程度也就是所谓的需求弹性系数：

$$需求弹性系数 Q = 需求变动百分比/价格变动百分比$$

$Q=1$，说明需求变动百分比和价格变动百分比是一致的，即为单一弹性需求，此时保持商品价格就能保持稳定的销售额；

$Q>1$，说明需求变动百分比大于价格变动百分比，即为强弹性需求或富弹性需求，此时可以采取降低商品价格的方法来提高销售额，若提高商品价格则会使销售额减小；

$Q<1$，说明需求变动百分比小于价格变动百分比，即为弱弹性需求或无弹性需求，此时可以采取提高商品价格的方法来提高利润。

案例

某企业根据市场调查获知：

需求函数为 $Q=800-4P$，其中 Q 为总需求量，P 为单价；

成本函数为 $C=1\,200+50Q$，C 为总成本，Q 为总需求量。

价格定为多少才能使该企业的利润最大化？

根据已知条件，销售收入为 $S=PQ$，利润为 $Z=S-C$，则 $Z=P \cdot (800-4P)-[1\,200+50\times(800-4P)]=1\,000P-4P^2-41\,200$，所以当 $P=125$ 元时，利润有极大值，$Z_{max}=21\,300$ 元。

3. 市场竞争因素

市场竞争也是影响定价的重要因素，根据市场竞争程度，可以分为以下三类。

1) 完全竞争

完全竞争是一种理想化的极端情况，在完全竞争的条件下，买卖双方都是大量存在的，并且卖方商品也是一样的，不存在任何质量及功能上的差异，企业可以自由地选择产品生产，并且无论哪一方都无法对价格产生影响，只能在既定的价格下从事交易活动。

2) 不完全竞争

不完全竞争是现实中通常存在的一种情况，为典型的市场竞争，在大于或等于两个以上的买方或者卖方的环境里，少数买方或者卖方对价格和交易数量起着较大的影响，卖方各企业所获取的市场信息不一致，所以提供的同类商品有所差异，从而存在竞争。当竞争产生在生产者之间时，供大于求，价格下跌是一种趋势；而当竞争产生在消费者之间时，供不应求，价格上涨是必然趋势。因此，定价的时候除了应考虑自身定价方案以外，还要考虑竞争对手的价格，以形成良好的竞争环境。

3) 完全垄断

完全垄断是一种理想的完全由生产者（即垄断者）独霸的极端状态，在这种情况下，交易的数量和价格完全由垄断者决定。

4. 其他因素

卖方在定价时还要考虑诸如国家法律法规、国际经济形势、货币流通、生命周期等其他因素。

1) 政府或行业干预

政府为了维护一个良好的经济市场，通过立法或其他途径对企业价格进行干预，如采用限价或价格补贴等手段。例如，美国某州将牛奶价格控制在较高水平，法国将宝石价格控制在较低水平等，我国则为了反暴利对毛利润进行了限制，等等。

2) 消费者心理和习惯

大部分买方（消费者）存在"一分钱一分货"的心理预期，尤其面对陌生商品，买家通常首先从价格上判断该商品的好坏，然后通过长时间的观察与判断，对该商品的价格有了一定的了解。如果此时卖家（商家）把平常较贵的商品降价出售，则会大大增加买家购买欲望，反之则会减少买家购买欲望。因此，研究消费者心理和习惯对定价的影响十分重大。

3) 企业或商品的形象

有时为了顾及企业或商品形象，需要对定价做出限制。例如，与公益事业相关的企业将相关商品的定价以较低的数值作为限制,而奢侈品品牌为了维护它的一贯形象,会将相关商品的定价以较高的数字作为限制。

综上所述,价格是整个销售过程中的一个十分关键的因素,企业在定价时要考虑到商品的成本及价值、市场供应情况、市场竞争因素及其他因素所带来的影响,只有充分了解并掌握各种信息,才能掌握市场规律,有针对性地对商品进行适当定价。

◆ 4.2.2 商品定价策略

定价策略是整体销售过程中非常重要的一个环节,价格是否合理是交易成功与否的关键,而制定定价策略既要考虑成本,又要考虑消费者的接受能力,是具有买卖双方双向策略特征的重要步骤。

商品定价策略主要有新产品价格策略、心理定价策略和产品组合策略三大类,如图4-2-1所示。

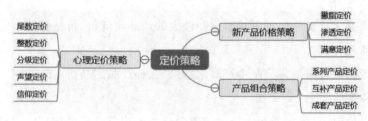

图 4-2-1　商品定价策略分类

1. 新产品价格策略

1)撇脂定价

撇脂定价是一种高价格策略,通常用于新产品上市初期,旨在在最短时间内获取最大利润。此策略使用的前提是:竞争对手无此产品,此产品处于垄断地位,或存在大牌效应,设置了高端服务或高级服务等。例如,奢侈品品牌的限量款皮包、酒吧里的酒水等,适用撇脂定价。

2)渗透定价

渗透定价是一种低价格策略,通常用于新产品初上市阶段,通过较低的价格打开及占领市场,采取"薄利多销"模式,以求最快地获取名气并加快资金运转。此策略通常用于门槛较低的产品或服务行业。

3)满意定价

满意定价是一种中档价格策略,通常这种策略所定的价格既能使生产者满意,也能使消费者满意,又称"君子价格"。

2. 心理定价策略

1)尾数定价

尾数定价是一种取尾数而不取整数的定价方法,满足消费者占便宜的心理,例如蛋糕9.9元一块,袜子5.8元一双等。

2)整数定价

整数定价是一种取整数不取尾数的定价方法,使消费者产生一种"一分钱一分货"的心理,提高产品形象,例如"名创优品"就采用这种定价策略。

3)分级定价

分级定价是一种把同类产品分成不同等级价位的做法,可以给消费者更加真实的感受——"贵的会更好"。

4)声望定价

声望定位是利用品牌效应进行定价,通常有声望的品牌产品价格可以定得更高,例如类似性能的手机,不同品牌价格就会相差很多。

5)信仰定价

针对某些有独特信仰或图吉利的消费者,可采用信仰定价,例如,裙子定价88元,而不是84元等。

3. 产品组合策略

1)系列产品定价

采用系列产品定价策略时通常将价格弹性大的产品定低价,价格弹性小的产品定高价。

2)互补产品定价

采用互补产品定价时通常将基本产品定低价,互补产品定高价。

3)成套产品定价

成套产品定价时,常采用成套价格比按单个产品出售总价格低的方式,搭配关联配套产品一起出售。例如,礼盒就采用成套产品定价。

◆ **4.2.3 商品定价方法**

电商平台的一些大型促销活动,例如"双11""6·18"等,俨然成为广大消费者大量网购的"节日",也正是这些大幅度的产品价格优惠刺激了相关消费。接下来,我们通过进一步了解和探究商品定价方法来理解价格波动的原因和方法。

通常情况下,商品定价方法主要分为三类,即成本定价法、需求定价法和竞争定价法。

1. 成本定价法

成本定价法依据商品的成本,以成本为基础,额外加上产生的利润来指导商品定价。

1)成本加成定价法

采用成品加成定价法的商品价格(单价)计算公式为

$$商品价格(单价) = 商品单位成本 \times (1 + 加成率)$$

通常规定成本的一定百分比作为期望获取的利润,该百分比即为加成率。成本与以加成率计算出的利润合成商品的定价。

案例

某自行车厂计划生产1 000辆自行车,总固定成本为50万元,每辆自行车变动成本为100元,确定预期利润率(即加成率)为25%,则采用成本加成定价法的过程如下:

一辆自行车的固定成本为:(500 000÷1 000)元=500元。

一辆自行车的变动成本为100元,则一辆自行车的总成本为:500元+100元=600元。

一辆自行车定价应为600元×(1+25%)=750元。

2) 目标利润定价法

目标利润定价法是根据总投资额、预期销量和投资回收期等因素来确定价格的方法。采用该方法的商品价格(单价)计算公式为

商品价格(单价)＝固定成本÷预期销量＋单位变动成本＋单位商品目标利润

案例

某自行车厂总投资额为 70 万元，投资回收期为 5 年，预期销量为 1 000 辆，总固定成本为 50 万元，每辆自行车的变动成本为 100 元，则采用目标利润定价法的定价过程如下：

目标收益率为：1/投资回收期×100％＝(1÷5)×100％＝20％。

一辆自行车的目标利润为：总投资额×目标收益率÷预期销量＝700 000 元×20％÷1 000＝140 元。

一辆自行车的定价应为：固定成本÷预期销量＋单位变动成本＋一辆自行车的目标利润＝500 000 元÷1 000＋100 元＋140 元＝740 元。

比较以上两种方法，成本加成定价法适合需求价格弹性较大的商品，而目标利润定价法则适用于具有垄断性质、市场占有率高的场合，需要销量比较稳定。

2. 需求定价法

需求定价法是指以消费者的需求高低及消费者对该商品的需求认知作为基础来指导商品定价。

(1)习惯定价法：利用客户的购买习惯来定价。

(2)数字定价法：采用尾数(如"×.99""×.88")或者利用弧形数字(如 0、3、5、8)等，让消费者视觉感受没有那么强烈；或者采用叠数，如 88 888 之类，带给消费者视觉冲击。

(3)价格陪衬法：在确定主要销售商品的价格及区间后，适当引入一些低价或者高价的商品，衬托主商品的性价比及价格合理性。

(4)捆绑定价法：组合商品或者买多件可以打折，引导消费者进行多件购买。

(5)拍卖定价：针对古玩交易、土地交易等大宗商品交易。

3. 竞争定价法

竞争定价法即以竞争者或具有竞争关系的商品的价格作为基础来指导商品定价。

高于竞争对手：如果想要定价高于竞争对手，可以强调该商品具有品牌效应、优先上市、信誉度高等优势，转移消费者对于价格的关注。

低于竞争对手：在能够降低成本的前提下，可以采用这种方法，但是需要警惕恶性竞争。

平均定价法：与竞争对手商品相差不大，根据竞争对手平均价格，制定自己商品的价格。

一般企业定价时需要考虑很多相关因素，符合一定的商品定价逻辑，如图 4-2-2 所示。

企业定价前首先要考虑该商品是否有同行竞争对手，如果有，则需要考察竞争对手是否也卖相同类型的商品，如果竞争对手同时也在售卖同种商品，则需要以竞争对手的定价作为参考；其次，将客户群划分为高敏感人群(对该商品感兴趣)和低敏感人群，并计算人数占比，如果高敏感人群人数较多，则说明此商品的受众群体较大，很容易畅销；最后，根据高敏感人群的实际需求分别按平时和节假日进行定价，平时购买力不强可以按照市场价格来定价，遇到节假日则利用假期人们购物欲望比较高的特点，进行一些促销活动，定个稍低的价格，有

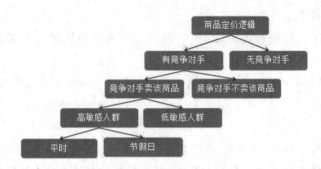

图 4-2-2　商品定价逻辑

助于提高节假日成交量。

4.2.4　同类商品价格带分析——环形图

环形图(圆环图)中每个样本用一个环来表示,样本中的一部分数据也用圆环的一段表示。环形图可显示多个样本各部分所占相应比例的大小,有利于管理者进行比较。

现在电子商务竞争非常激烈,同一类别的商品很多,相关商品该如何定价成为一个重要的议题。通过统计同一类别的其他商品的价格进行分析,可以了解企业自身商品在质量、品牌等方面处于何种档次,也给企业管理者定价时提供一个参考。

例如,"木槿"品牌属于二线品牌,"木槿生活"网店计划新上一款美白润肤霜。针对该润肤霜的定价,企业统计分析了2018年市场上17个润肤霜品牌的售价,如表4-2-1所示。

表 4-2-1　2018 年润肤霜品牌的售价

编　号	商品名称	售价/元
1	超一线品牌 A	2 589
2	超一线品牌 B	2 235
3	一线品牌 A	1 558
4	一线品牌 B	1 212
5	一线品牌 C	1 156
6	一线品牌 D	1 088
7	一线品牌 E	998
8	二线品牌 A	865
9	二线品牌 B	777
10	二线品牌 C	843
11	二线品牌 D	684
12	二线品牌 E	589
13	其他品牌 A	458
14	其他品牌 B	356
15	其他品牌 C	367
16	其他品牌 D	489
17	其他品牌 E	299

(1)根据表 4-2-1,把取样数据按照不同的价格区间进行分类,并统计该价格区间的品牌

数量,然后计算其在总的品牌数量中的占比,如表4-2-2所示。

表 4-2-2 2018年润肤霜各售价区间品牌数量及价格带占比

价 格 区 间	品牌数量/个	占　　比
2 000～3 000元	2	11.76%
1 500～2 000元	1	5.88%
1 000～1 500元	3	17.65%
500～1000元	6	35.29%
0～500	5	29.41%

(2)选中价格区间及价格带占比数据,单击"插入"—"其他图表"—"圆环图",如图4-2-3所示。

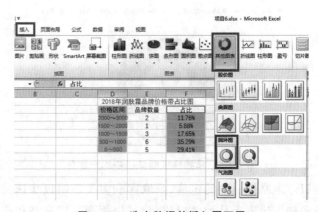

图 4-2-3　选中数据并插入圆环图

由表4-2-1和表4-2-2可以看出,通过对不同档次品牌的价格进行取样,可得润肤霜的定价区间如下:

定价为2 000～3 000元的2个品牌均为超一线品牌;

定价为1 500～2 000元的有1个一线品牌;

定价为1 000～1 500元的有3个一线品牌;

定价为500～1 000元的有1个一线品牌以及其余全部二线品牌;

其他品牌的定价为0～500元。

通过上面的数据,可得到一个默认模式下的圆环图,更改标题为"2018年润肤霜品牌价格带占比图"。

(3)选中圆环图,选项卡上出现图表布局及图表样式设置按钮,更改图表布局为"布局2",这个布局样式可将各部分数据占比显示出来。然后,更改图表样式为"样式26",使得圆环图更加规范、立体、美观,如图4-2-4所示。

(4)通过选中圆环的一部分,单击鼠标左键并按住拖拽,使其单独呈现在旁边(可以对这一部分进行单独介绍),可以实现圆环的打散和聚合,如图4-2-5所示。根据展示的重点,可以考虑通过不同的形式进行内容的呈现。

例如,单独拖拽出价格区间为"500～1 000元"的部分,其品牌数所占比例最高,约为35%,因此,该价格在润肤霜的市场里是最主流的,即这部分商品定价是最容易被消费者接受的。如果企业想平稳入市,追求长期发展,则可以把价位定在这一区间;如果想快速入市,

图 4-2-4　调整布局及样式后的价格带占比圆环图

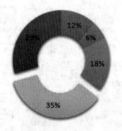

图 4-2-5　单独拖拽圆环图中的一部分

迅速占领市场,则可以考虑略低一档的定价,采取薄利多销策略以快速回收资金,使资金进行更加有效的流转;而如果想要走品牌效应路线,可以把商品定在高档价位,满足高消费人群,进入高档商品市场。

(5) 右键单击圆环,选择"设置数据系列格式",可以在弹出的面板中按照需求调整圆环图外观,数据展示方式十分灵活,如图 4-2-6 所示。

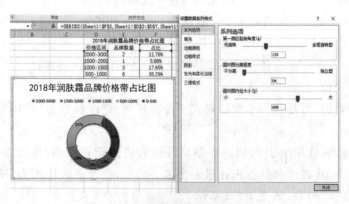

图 4-2-6　设置圆环图数据系列格式

还可以绘制多层圆环图,这样可以展示多行多列数据的对比,而饼图只能使用单列数据。

修改表 4-2-1,可创建相同品牌不同年份同一商品的售价并分别计算占比,也可以分析该类商品整个市场的价格趋势。例如,统计 2016—2018 年各档次润肤霜的 17 个品牌售价,如表 4-2-3 所示。

表 4-2-3　2016—2018 年润肤霜品牌售价

编号	商品名称	2018 年售价/元	2017 年售价/元	2016 年售价/元
1	超一线品牌 A	2 589	2 287	1 998
2	超一线品牌 B	2 235	1 899	1 488
3	一线品牌 A	1 558	1 500	1 400
4	一线品牌 B	1 212	1 189	1 088
5	一线品牌 C	1 156	1 123	1 054
6	一线品牌 D	1 088	1 011	1 111
7	一线品牌 E	998	933	890
8	二线品牌 A	865	821	789
9	二线品牌 B	777	700	650
10	二线品牌 C	843	756	688
11	二线品牌 D	684	612	573
12	二线品牌 E	589	508	558
13	其他品牌 A	458	515	589
14	其他品牌 B	356	387	520
15	其他品牌 C	367	408	488
16	其他品牌 D	489	428	468
17	其他品牌 E	299	250	200

根据表 4-2-3 计算每年各类品牌润肤霜的占比,如表 4-2-4 所示。

表 4-2-4　2016—2018 年润肤霜各价格区间品牌数量及价格带占比

价格区间	2018 年品牌数量/个	2018 年价格带占比	2017 年品牌数量/个	2017 年价格带占比	2016 年品牌数量/个	2016 年价格带占比
2 000～3 000 元	2	11.76%	1	5.88%	0	0.00%
1 500～2 000 元	1	5.88%	2	11.76%	1	5.88%
1 000～1 500 元	3	17.65%	3	17.65%	5	29.41%
500～1 000 元	6	35.29%	7	41.18%	8	47.06%
0～500 元	5	29.41%	4	23.53%	3	17.65%

选中"价格区间"列及各年度占比数据,单击"插入"—"圆环图",进行如前所述的相关调整,得到如图 4-2-7 所示的圆环图。

结合表 4-2-3、表 4-2-4 和图 4-2-7,管理者通过 17 个各种档次的品牌的定价,可以发现这三年来润肤霜价格变化的趋势,一线品牌及超一线品牌的价格增长幅度较大,部分一线品牌及二线品牌价格稳定增长,部分二线品牌及其他品牌价格呈下降趋势。简单来说,好品牌越来越好,相对较差的品牌越来越差,说明对于润肤霜来说,消费者对好品牌的接受能力较强,因此,品牌效应非常重要,不好的品牌只能以降价来吸引客源。

另外,多层圆环图也可以调整至最佳模式:选中图例,右键单击—"设置图例格式",取消对"显示图例,但不与图表重叠"的勾选,如图 4-2-8 所示,可以使圆环更大,显示范围更广。

2016—2018年润肤霜品牌价格带占比图

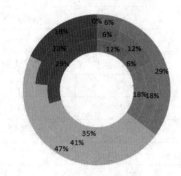

图 4-2-7　2016—2018 年润肤霜品牌价格带占比多层圆环图

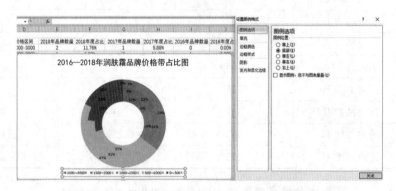

图 4-2-8　取消对"显示图例，但不与图表重叠"的勾选

对于多层圆环的分离，只能分离最外一层，其他层是无法分离的，如图 4-2-9 所示。

2016—2018年润肤霜品牌价格带占比图

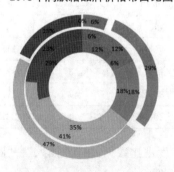

图 4-2-9　多层圆环图分离

还可以调整数据放置在内圈还是外圈，调整序列的放置顺序：选中圆环图，右键单击—"选择数据"，可以调整数据序列；调整数据序列后，圆环图的内外环显示也随之变化。

选定圆环，右键单击—"设置数据系列格式"—"设置圆环图内径大小"，内径越小，圆环宽度越大。此处把内径设置为"10%"，并更改图表样式为"样式 26"，得到如图 4-2-10 所示的圆环图。

2016—2018年润肤霜品牌价格带占比图

图 4-2-10　内径设置为"10%"且更换样式后的多层圆环图

至此,2016—2018 年三年各润肤霜品牌的价格带占比图就完成了。通过该占比图,相关市场分析人员就能结合自身产品定位和市场价格分布来为自有产品进行更合理的定价;同时,也可以综合考量三年间市场价格带占比的变化趋势,进一步考虑后期品牌产品的发展方向。

课外拓展

定价有以下三个小技巧。

1. 同价销售术

类似"一元店",抓住人们的好奇心理,也干脆简单,无须讨价还价。

2. 分割法

分割法是一种心理策略,采用较小的单位报价或者用较小单位的商品价格来进行比较,造成消费者内心的"便宜"感。例如,茶叶每千克 20 元,可报价为每 50 克 1 元等。

3. 特高价法

采用"独一无二的商品才能卖出独一无二的价格"的方法,使市场上该款产品只此一家有售,产品又受欢迎,则可以报很高的价格。例如,一种从未出现过的饮料,从包装的款式、饮料的口味等方面都与众不同,那么成本为 5 元的饮料,可以定 50 元的高价,也依然畅销。

技能实训

请按照上述方法利用 Excel 制作一个能随着数据变动而变动的圆环图。

4.3　商品的关联销售分析

企业如果不分析商品间的关联关系,则很难发现商品间的"隐形密码",并且很难做到精细化管理。商品的关联销售分析对于提高商品的活力、挖掘消费者的购买力、促进最大化销售等有非常大的帮助。

◆ 4.3.1　商品的关联度分析

关联度反映一个事物与其他事物之间的相互依存性和关联性,常用于实体商店或在线电商的推荐系统：通过对顾客的购买记录数据库进行关联规则挖掘，最终发现顾客群体的购买习惯及内在共性。关联度分析就是计算购买产品 A 的同时可能会连带购买产品 B 的概率，然后根据数据挖掘的结果，商家通过调整货架的布局陈列、设计促销组合等方案来实现销量的提升。

其中，最经典的应用案例莫过于前文提及的"啤酒与尿布"。美国沃尔玛超市通过大量数据分析发现，同时购买尿布和啤酒的用户十分常见，后来，他们在尿布货架边上陈列了啤酒，发现组合购买的概率大幅提升，从而缔造了零售行业的一个传奇。

那么，如何进行商品的关联度分析？

这就需要了解关联度分析中的三个主要概念，即支持度（support）、置信度（confidence）与提升度（lift）。

支持度是两件商品被同时购买（A∩B）的次数在总销售笔数（N）中出现的概率。A 与 B 的交集与并集如图 4-3-1 所示。

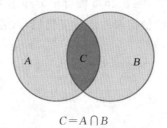

$C = A \cap B$

图 4-3-1　交集与并集

支持度计算公式为

$$\text{support}(A \cap B) = \frac{\text{freq}(A \cap B)}{N}$$

例如，某超市 2019 年有 100 万笔销售订单，其中，顾客同时购买可乐和薯片的订单为 20 万笔，而顾客同时购买可乐和面包的订单为 10 万笔，则关联度分析中，可乐和薯片的支持度是 20÷100＝20%，可乐和面包的支持度是 10÷100＝10%。

置信度是购买某一商品后再购买另一商品的条件概率。简单来说就是交集部分 C 在 A 中的比例，如果比例大则说明购买某一商品的客户很有可能购买另一商品。置信度计算公式为

$$\text{confidence} = \frac{\text{freq}(A \cap B)}{\text{freq}(A)}$$

同样，例如某超市 2016 年购买可乐的订单有 40 万笔，其中，顾客同时购买可乐和薯片的订单是 30 万笔，而同时购买可乐和面包的订单是 10 万笔，则同时购买可乐和薯片的置信度是 30÷40＝75%，同时购买可乐和面包的置信度是 10÷40＝25%，这说明同时购买可乐和薯片的置信度比同时购买可乐和面包的置信度高，营销上可以做一些组合销售。

提升度表示先购买某一商品对购买另一商品的概率的提升作用，用来判断关联规则是否有实际价值，即使用规则后商品在购物车中出现的频率是否高于商品单独出现在购物车中的频率。如果提升度大于 1，说明规则有效；小于 1 则说明无效。提升度计算公式为

$$\text{lift} = \frac{\text{support}(A \cap B)}{\text{support}(A) \times \text{support}(B) \times 100}$$

例如，可乐和薯片的关联规则的支持度是 20%，而单独购买可乐的支持度是 3%，购买薯片的支持度是 5%，将这三个参数代入公式可得 lift=20%÷(3%×5%×100)≈1.33，则提升度＞1，表明相关关联规则对可乐与薯片的购买量有提升效果。

在实际操作中，由于数据量巨大，处理相对比较复杂，因此，真正实践起来可能会遇到种种困难。

表 4-3-1 所示是一家网店 2019 年 5 月 5 日的商品销售记录。

表 4-3-1　商品销售记录

销 售 日 期	销售订单 ID	商　品	数　量
2019/05/05	00001	A	1
2019/05/05	00001	B	1
2019/05/05	00001	C	1
2019/05/05	00001	D	1
2019/05/05	00002	A	1
2019/05/05	00002	B	1
2019/05/05	00003	C	1
2019/05/05	00004	D	1
2019/05/05	00004	A	1

计算支持度、置信度与提升度，首先需要知道单个商品的出现频率、组合商品的出现频率和总笔数。从表 4-3-1 中可以看到一共有 4 笔销售订单、4 种商品，计算其两两之间的支持度，如表 4-3-2 所示。

表 4-3-2　支持度计算

计 算 内 容	计算过程	支　持　度
support($A \cap B$)	2÷4	50%
support($A \cap C$)	1÷4	25%
support($A \cap D$)	2÷4	50%
support($B \cap C$)	1÷4	25%
support($B \cap D$)	1÷4	25%
support($C \cap D$)	1÷4	25%

注："$A \cap B$"表示同时购买商品 A 和商品 B；"$A \cap C$"表示同时购买商品 A 和商品 C；"$A \cap D$"表示同时购买商品 A 和商品 D；"$B \cap C$"表示同时购买商品 B 和商品 C；"$B \cap D$"表示同时购买商品 B 和商品 D；"$C \cap D$"表示同时购买商品 C 和商品 D。

接下来计算一个商品对另一个商品的置信度，如表 4-3-3 所示。

表 4-3-3　置信度计算

计 算 内 容	计算过程	置　信　度
confidence($B|A$)	2÷3	66.67%
confidence($C|A$)	1÷3	33.33%

续表

计算内容	计算过程	置信度
confidence($D|A$)	2÷3	66.67%
confidence($A|B$)	2÷2	100%
confidence($C|B$)	1÷2	50%
confidence($D|B$)	1÷2	50%
confidence($A|C$)	1÷2	50%
confidence($B|C$)	1÷2	50%
confidence($D|C$)	1÷2	50%
confidence($A|D$)	2÷2	100%
confidence($B|D$)	1÷2	50%
confidence($C|D$)	1÷2	50%

注:"$B|A$""$C|A$""$D|A$"分别表示购买商品 A 后再购买商品 B、商品 C 或商品 D;"$A|B$""$C|B$""$D|B$"分别表示购买商品 B 后再购买商品 A、商品 C 或商品 D;"$A|C$""$B|C$""$D|C$"分别表示购买商品 C 后再购买商品 A、商品 B 或商品 D;"$A|D$""$B|D$""$C|D$"分别表示购买商品 D 后再购买商品 A、商品 B 或商品 C。

进一步对提升度进行计算,其结果如表 4-3-4 所示。

表 4-3-4 提升度计算

计算内容	计算过程	提升度
lift($B|A$)	(2÷3)÷(2÷4)	1.33
lift($C|A$)	(1÷3)÷(2÷4)	0.67
lift($D|A$)	(2÷3)÷(2÷4)	1.33
lift($A|B$)	(2÷2)÷(3÷4)	1.33
lift($C|B$)	(1÷2)÷(2÷4)	1.00
lift($D|B$)	(1÷2)÷(2÷4)	1.00
lift($A|C$)	(1÷2)÷(3÷4)	0.67
lift($B|C$)	(1÷2)÷(2÷4)	1.00
lift($D|C$)	(1÷2)÷(2÷4)	1.00
lift($A|D$)	(2÷2)÷(3÷4)	1.33
lift($B|D$)	(1÷2)÷(2÷4)	1.00
lift($C|D$)	(1÷2)÷(2÷4)	1.00

根据商品的关联度计算,可以得出结论:商品 A 和商品 D 有更强的相关性,可以考虑对其进行相关推荐。

这里只是简单地罗列了四种商品,并且只考虑两种商品之间的相关性,可以想象一下,产品种类多至几百乃至几千的时候,我们将无法通过简单手动计算来衡量商品间的相关性。所以,在真正处理关联度计算时,往往会借助服务器或者云计算资源来进行相关处理。

不难发现,如果完全按照上述理论进行手动计算,其过程非常复杂,计算量也非常巨大,在实际运营分析过程中,商家一般可以借助平台系统的分析能力得到处理结果。这里介绍利用"电子商务数据分析与应用实训沙盘系统"得到数据分析结果。

(1)输入网址 pdac.yujing.cn,打开"育景大数据应用实训平台软件"网站,登录后单击"商品分析"—"关联商品",如图 4-3-2 所示。

图 4-3-2　在"育景大数据应用实训平台软件"网站上选择"关联商品"功能

(2)单击"添加",在"添加数据"对话框中,输入相应的"标题""备注"内容,左键单击"保存",如图 4-3-3 所示。

图 4-3-3　在"添加数据"对话框中输入"标题""备注"内容并保存

(3)单击"导入 csv 数据",在弹出的对话框中,单击"浏览"按钮,选中需要分析的数据文件,并在下拉菜单中选择想要进行分析比对的选项,如"订单号""买家""订单金额""下单时间""省份",这里能够支持的是 CSV 格式,然后单击"开始导入",如图 4-3-4 所示。

图 4-3-4　"导入 csv 数据"对话框

(4)等界面显示"计算完成",就表示已经完成了所有数据的导入,单击右上角的"×",可将窗口关闭,如图 4-3-5 所示。

(5)导出结果,截取两个例子,如图 4-3-6 所示。可以看出,第一个例子中购买商品 A "2018 年秋冬装新款　佐道男装正品男士时尚撞色立领夹克短款休闲外套"的人同时也购买了商品 B"佐道 2019 长袖 T 恤男士春装新款休闲长袖品牌男装纯棉翻领条纹 t 恤衫",并

图 4-3-5　导入数据完成

且只有这一条数据,由此可见,购买商品 A 的人全部购买了商品 B,而购买商品 B 的人也全部购买了商品 A,针对这种情况,商家后期布置销售方案时可以考虑将商品 A 与 B 捆绑在一起或将其货架放置在一起以促进营业额;第二个例子中,购买商品 A"佐道男装 2018 秋装新款男士磨毛格子男式休闲衬衫纯棉长袖衬衣绅士"的人,全部购买了商品 B"佐道男装 2018 夏季新款男士短袖 t 恤衫条纹 polo 保罗衫中年翻领大码",而购买了商品 B 的人,只有一半购买了商品 A。

图 4-3-6　导出结果中的两个例子

因此,通过育景大数据平台的"关联商品"功能可以非常便捷地把很多数据的关系一次性导入并分析出来,商家可以利用这个功能针对以后的销售方案进行优化。

课外拓展

真实情况下,即使使用云资源或者数据进行相关性计算,也会非常耗时,一般大型企业会使用 Apriori 算法来缩短计算时间,提高计算效率。

Apriori 算法是一种关联规则挖掘算法,也是非常经典的算法,在产品关联度分析领域被广泛使用。它使用逐层迭代搜索的方法找出各项集合的关系,并形成规则;将数据结果进行层级连接,并移除确定的不理想结果(剪枝),通过设置阈值并利用规则来提高计算速度。

◆ 4.3.2　购物篮分析

所谓购物篮,是指单一客户一次性购买的商品的总和,类似于把所有要的东西放入一个购物篮当中统一购买,因此,购物篮分析(见图 4-3-7)也是针对商品关联度的一种分析方法。采用这种分析方法的目的在于了解什么样的商品应该放置在一起,利用客户的消费习惯引起客户的关注,从而达成一同销售的目的。例如,超市的陈列架可以通过此种分析方法改变置物架上的商品排列顺序或者设计来吸引客户的眼球。

图 4-3-7 购物篮分析

购物篮分析基本包括以下三点：

第一点，选择正确的品项。

对企业而言，要在众多的品项中选出真正有用且相互关联的品项。

第二点，跟"共同发生"矩阵一同挖掘关联规则。

"共同发生"矩阵，简单来说，就是购物篮中既有商品 A 又有商品 B（同一时间共同存在两个商品），针对整个矩阵进行分析，可挖掘其间的关联关系。

第三点，克服实际限制。

所选品项越多，计算所耗时间与资源也会相对更多，为了节约成本，可以利用一些软件平台或者技术来降低时间与资源的损耗。

当数据积累到一定程度，统计过程就会变得复杂，企业可以借助平台系统的分析能力更加便捷地得到处理结果。这里依然利用"电子商务数据分析与应用实训沙盘系统"得到数据分析结果。

（1）输入网址 pdac.yujing.cn，打开"电子商务数据分析与应用实训沙盘系统"，在左侧列表中单击"系统设置"—"任务案例"，左键单击"新增"，导入"购物篮用户数据分析"案例数据，如图 4-3-8 所示。

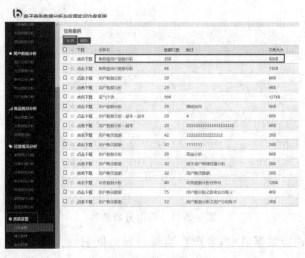

图 4-3-8 导入案例数据

（2）右键单击"购物篮用户数据分析"左侧的"点击下载"—"将目标另存为"，将文件另存为"购物篮用户数据分析.dat"，如图 4-3-9 所示。

（3）单击"商品概况分析"—"购物篮分析"，单击"添加"，在"添加数据"对话框中将标题

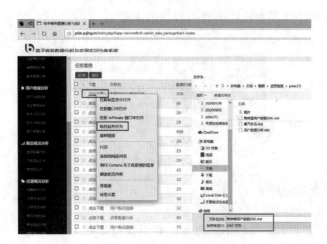

图 4-3-9　另存为 DTA 文件

设置为"购物篮测试","备注"栏填写"2019年度销售清单",如图 4-3-10 所示,保存并导入刚才保存的"购物篮用户数据分析.dat"文件。

图 4-3-10　添加"购物篮测试"数据标题及备注

(4)单击"导出结果",可以得到购物篮分析结果,如图 4-3-11 所示。

NO.	关联商品X	关联商品Y	购买XY订单数	购买XY会员数
1	衬衫	T恤	108	95
2	卫衣	T恤	45	40
3	T恤	连衣裙	33	30
4	牛仔裤	T恤	25	24
5	T恤	裤子	22	22
6	衬衫	牛仔裤	18	18
7	T恤	牛仔夹克	13	12
8	短裤	T恤	10	9
9	T恤	鞋子	8	8
10	连衣裙	鞋子	7	7
11	夹克	衬衫	4	4
12	夹克	T恤	1	1
13	夹克	牛仔裤	1	1
14	卫衣	裤子	1	1
15	T恤	半身裙	1	1
16	外套	半身裙	1	1
17	外套	T恤	1	1

图 4-3-11　导出分析结果

2019 年的所有销售数据显示,客户在购买衬衫的同时,把 T 恤也加入购物篮一同购买的概率最大,为 $108÷358=30.17\%$(订单总数为 358),这是一个非常高的比例。由此可以得知,同时购买这两件商品的用户量很大。商家可以根据数据分析的结果进一步优化商品布局,提供组合购买优惠策略等来提高客单价和销售转化率。

4.3.3 提高商品关联度的方法

网店或者电商商品成千上万,要提高相应的销售量,使利润良性增长,就需要充分发挥商品关联度的作用。客单价按下式计算:

$$客单价 = 客品数 \times 品单价$$

式中:客品数就是一段时间里平均每位顾客购买的商品数量;

品单价则是指一段时间内销售出去的商品平均价格。

简单来说,客单价就是每个客户平均的消费金额。商家应该关注提高客户一次购买的数量进而带动客单价的提升。通过客单价的概念,可以分析得出,想要提高客单价,就要让客户买比较贵的商品,或购买比较多的数量。针对这两个因素,可以依据商品关联度的计算方法,采取以下销售手段:

(1)推送一些组合商品的捆绑购买信息,提高品单价,进而提高客单价。

通常情况下,电商网站或者网店平台将一些关联度比较高的商品组合捆绑起来作为套餐来销售。以亚马逊网站上的商品为例。在吸尘器的商品页面(见图 4-3-12)中,网站进一步推荐了"经常一起购买的商品",包括吸尘器的替换头和其他配件,有需要的用户可以直接将相关商品一起加入购物车,网站平台也能顺利地将客单价从 299.00 美元提高到 335.48 美元。

图 4-3-12 吸尘器商品页面中的组合购买推荐

(2)在用户确认购买某个商品之后,进一步推荐与该商品关联度较高的商品来提高客品数,进而提高客单价。

可以重点来看第二种销售手段,考虑利用之前计算统计出来的商品关联度分析结果来使用户尽量多买一些商品。这样处理的好处就在于,在至少有一件商品被用户选中的前提下,可以进一步引导用户购买更多商品,实现进一步提升客单价的可能。很多知名电商网站使用了这样的销售手段,如在用户选择了一个商品之后,进一步推荐关联度较高的商品给用户，这里多用该商品的相关配件来作为推荐商品。如图 4-3-13 所示，在"苹果"官网上选择相关产品后，系统会推荐更多的商品，一般为适用于该商品的更多配件或者服务。

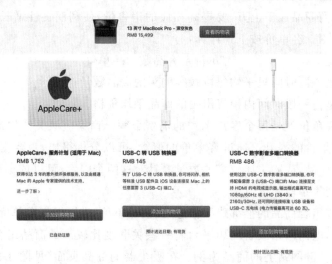

图 4-3-13　"苹果"官网上的关联商品推荐

4.4　商品评价统计分析

在网店或者电商平台的运维过程中，需要不断收集用户的反馈信息并及时调整商品营销策略以及相关服务，来提高网店或者电商平台的口碑，如提高商品的评价。商品的评价，即用户在收到商品并经过一段时间的使用后给予平台的反馈，包括直接针对商品的各方位评测、评分，也包括针对整个购物过程中各种体验的评价，如物流、售后服务等。这也是商品数据化管理中不容忽视的一种数据。

◆ 4.4.1　好评、中评、差评数据分析

在针对好评、中评、差评数据进行分析之前，首先要了解好评、中评、差评对商品的实际影响，了解其真正作用的意义之后，才能更有针对性地分析相关数据。

在众多愿意进行商品评价的用户中，有部分用户会给予店铺或者商品中评或差评，因为他们购买的商品没有符合心理预期，尤其是在售后人员的解决方式不能满足他们时，需要通过中评或差评来宣泄不满。其实所有评价都应该被管理，尤其是"淘宝""天猫"等平台，用户从商家对评价的态度，就知道这个网店有没有发展潜力。

图 4-4-1 所示为评价对网店的作用。

图 4-4-1　评价对网店的作用

(1)评价可以降低推广费用,提高推广效率。

一般情况下,只有20%左右的用户会给出带文字的评价,带图片的评价就更少了。然而,带图评价的用户给出的如果是好评,那这一用户就是深度用户,也是电商平台的核心用户。

(2)在运维电商时,获取一个新客户的成本是维持一个老客户成本的5倍以上。

商家的一个靠谱的回评,可以获得一个甚至多个回头客。另外,有很多在描述里不方便说或者说不太清楚的东西,商家可以在评价以及回评里说,比如与其他品牌的比较,等等,直观且与消费者拉近距离,这样产生的效果会更好。

(3)通过评价相关内容可以帮助企业进行营销策略的制订。

"拍脑门做决策""闭门造车"是电商的最大忌讳。产品设计、营销政策制订的依据除了市场调研和竞品分析外还有用户的反应——最直接、最真实的信息。需要注意的是,这里的"用户",强调的是一个"用"字。做电商,最重要的绝对不是所谓的电商技术,而是对用户体验的分析和把握,甚至引导。

(4)通过进行评价也能对网店或者电商的品牌和口碑有显著的影响。

"小而美"型企业的网店除了产品以外,有让客户值得记住、值得分享的东西,比如名字、风格、态度,这些都能让顾客对网店产生信赖。商家通过评价可反复强调自己网店所具有的能让顾客记住并且产生信赖的东西。顾客访问网店时,转化率一般为5%左右,即95%以上的顾客进入店铺后很大概率不会购买产品,这部分客户会流失掉。但是,流失的这部分客户大部分会看商品评价,评价里只要有一句话让客户印象深刻,就会提高客户再次访问网店的概率,成交的可能性也会增大。

在了解了好评、中评、差评的基本概念之后,便可以对好、中、差三种评价的数据进行统计分析。通常情况下,首先需要对相关的商品数据进行收集,之后可以按照不同的时间跨度进行划分,来制作相关专题图,如日评价比例分布、周评价比例分布、月评价比例分布、季度评价比例分布或者年评价比例分布。对这种形式的数据一般利用饼状图来进行呈现,以方便商家了解各种评价的占比。

以使用某商品某一年的评价数据(见表4-4-1)来对当年该商品评价分布进行分析为例。

表4-4-1 某商品某一年的评价数据

月 份	好评/次	中评/次	差评/次
1	1 232	20	8
2	1 245	33	12
3	6 009	43	20
4	6 782	23	8
5	2 033	12	6
6	6 723	3	4
7	8 912	8	3
8	10 231	10	2
9	1 093	6	10
10	1 072	2	3
11	2 735	10	6
12	2 142	8	0

可以利用表 4-4-1 中的数据进行饼图的制作,帮助分析处理相关评价分布情况。

首先,在 Excel 中使用求和工具进行求和。选中后面三列数据,并多选取一行空白行,然后点击“开始”菜单中位于界面右上方的求和按钮。执行求和操作后,每个月的评价(好评、中评、差评)数据会自动累加,得出当年所有好评、中评、差评总次数。

然后,选择三种评价分别汇总的数据,单击“插入”菜单,然后选择“饼图”按钮,选择任一种饼图形式即可。如图 4-4-2 所示,这样,基本的饼图就生成了。

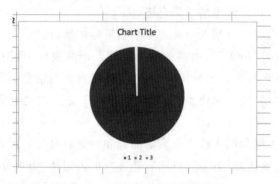

图 4-4-2　年度评价分布基本饼图

但是,图 4-4-2 中没有显示标题以及具体的分类信息,这是因为制作饼图在选择数据时没有选择标签页。只要在生成图表时将相关标签和数据一起选中,就能将相关标签和数据添加进图表。这里由于好评率比较高所以基本看不出中评和差评的份额,这是商品评价比较好的情况。图 4-4-3 所示为其他中评或差评比较多的商品评价饼图,其中好评率为 52%,中评率为 36%,差评率为 12%,中评及差评的比例为 48%,占比较高。

此外,还需要对整个评价的变化趋势进行统计分析,即一段时间(更小时间跨度)内的评价变化情况,如一年内每个月的好评率变化情况,步骤如下。

首先需要计算每个月的好评率,可以使用公式来进行计算。如图 4-4-4 所示,选中 E2 单元格,并输入公式“=B2/(B2+C2+D2)”,按回车键。此时该月的好评率就能通过内置公式计算出来。

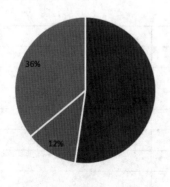

图 4-4-3　中评或差评较多的商品评价饼图

E2 fx =B2/(B2+C2+D2)

	A	B	C	D	E	F
1	月份	好评/次	中评/次	差评/次	好评率	
2	1	1232	20	8	0.9777778	
3	2	1245	33	12		
4	3	6009	43	20		
5	4	6782	23	8		

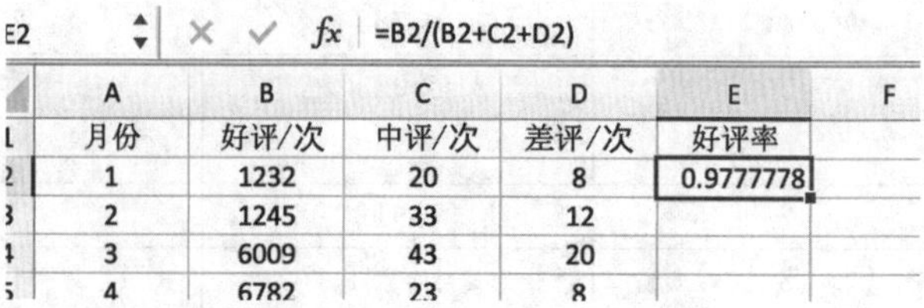

图 4-4-4　输入好评率计算公式

选中 E2 单元格右下角实心点,单击鼠标左键并按住向下拖拽至 E13 单元格,松开鼠标左键,该年剩余月份的好评率也会自动计算完成。

然后可以选择"月份""好评率"两列数据,如图 4-4-5 所示,通过"插入"—"图表"—"折线图"来创建折线图。

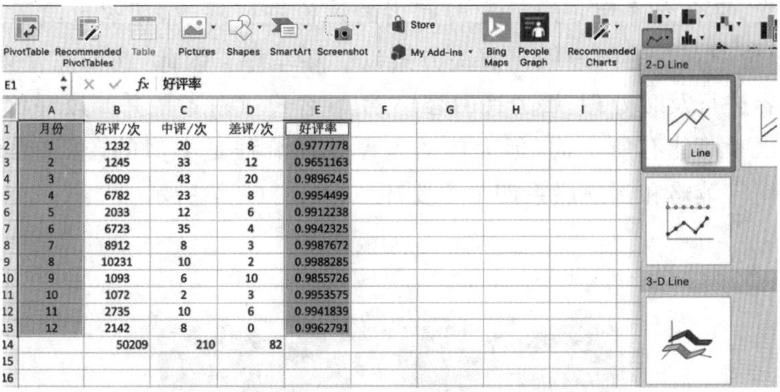

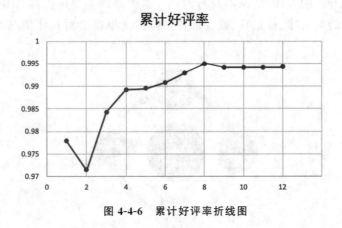

图 4-4-5　选择"月份""好评率"数据创建折线图

这样能得到好评率变化的效果和趋势图,同样可对一段时间内累计好评率的变化进行处理,即一年内整体好评率的变化,也即当前一个周期内的总体好评率情况,同时也是一般网站用来显示商品好评信息的途径。

累计好评率的整体分析和上述单月份好评率分析方法类似,只是在计算好评率时,不再计算当月的好评率,而改为计算之前所有月份的好评率,是计算一个累计量,然后再进行折线图的绘制,得到的折线图如图 4-4-6 所示。

累计好评率

图 4-4-6　累计好评率折线图

▌课外拓展

图 4-4-6 中显示的累计好评率折线图可以参考之前的操作步骤绘制。绘制累计好评率变化图表的关键是计算每个月的累计好评率,例如,第五个月的累计好评率计算时是将第一个月到第五个月所有的评价次数累加起来作为分母,再将第一个月到第五个月的好评次数累加起来作为分子,从而得到结果。

◆ **4.4.2　商品评价优化对策**

商品评价优化对策制订的目的简单说就是降低差评率、提高好评率,但是,在实际操作过程中,有很多细节需要去推敲处理。本节从两个方面来讨论这个话题。

1. 作为一个紧急方案来处理

商品评价优化对策用于第一时间对评价进行优化,即看到差评第一时间考虑如何改变这一结果。通常,平台允许用户对一定时间内的评价进行修改,而这也给了商家缓冲的时间,及时针对评价中存在的问题做出解决方案以去除差评。因此,在商品差评发生之后,商家需要针对内容进行及时处理,竭力挽回客户,引导客户重新考量并修改评价结果。虽然具体内容和影响因素可能有所不同,但大体的差评处理流程是类似的,差评处理分为查看详情、分析评论、制订策略和沟通联系四个主要环节,如图 4-4-7 所示。

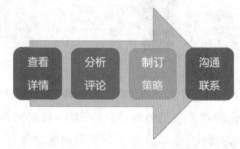

图 4-4-7　差评处理环节

2. 针对更长时间跨度的商品评价情况进行追踪、分析和调整

网店商家如果想维持网店良好运营,就需要对所有差评进行统计分析,并给出相应的解决方案。商品差评分类如图 4-4-8 所示。

(1) 质量问题导致的差评:商品本身有问题。这类差评主要由商品自身因素导致,包括商品存在色差、有难闻气味、被损坏、缺少部件,等等,这里需要对具体情况考虑对应的协调解决方案。

图 4-4-8　商品差评分类

就商家而言,商品存在质量问题,应在成本可控的范围内换供货商。

商品存在色差、有难闻气味、尺寸不标准等问题,商家应从客服话术到包裹内纸条,多方面及时给出解释和提示。

缺少部件或被损坏等问题,商家要跟供货商签订好次品协议,加强出库的检查控制。

(2) 物流因素导致的差评。虽然现在大多数平台已经将物流和商品本身的评价体系分开,客户可以分别为商品和物流进行打分,但有些客户会因为物流的问题在所有的评分项中都给予差评,遇到这种情况,相关运营人员也需要在各个环节做好工作,降低相应的风险。

(3) 售后问题导致的差评。对于此类差评,商家应及时、诚恳地与买家沟通。

除了加强对客服的培训,提升客服水平,还要针对商品评价的详细信息进行分析,找出商品存在的"短板",联系厂商或供货商进行进一步优化。提高商品本身的市场竞争力才是改善商品最终评价状况的根本。

实训大作业

1. 实训背景

(1)假定超市11月总交易次数为2 000次,其中包含花生的交易次数为100次,包含白酒的交易次数为200次,同时包含花生和白酒的交易次数为50次。根据数据计算花生和白酒的关联规则中的支持度、置信度的值。

(2)分析如何做好商品关联销售。

2. 实训目标

能够进行商品的关联度分析,并掌握网店店铺做好商品关联销售的方法。

3. 实训要求

(1)掌握关联规则中支持度、置信度值的计算方法。

(2)会分析如何做好商品关联销售。

4. 实训步骤

1)花生和白酒的关联规则中支持度、置信度的计算

支持度:50次÷2 000次×100%=2.5%。

置信度:50次÷100次×100%=50%。

支持度代表这两种关联商品的份额是否够大,置信度代表这两种商品关联度的强弱。在实际数据分析过程中,需要对支持度和置信度设定准入规则,例如设定支持度≥3%,置信度≥60%,满足准入规则则视为商品间的关联关系有价值。

2)做好商品关联销售的方法(考虑的因素)

(1)关联销售的商品的个数。

关联销售的商品不是越多越好,因为关联销售的商品过多会增加加载时间,同时,太多的其他商品会让客户不耐烦;当然也不是越少越好,通常情况下,我们推荐的单款关联销售商品以两到三行为最佳,每行三个商品,商品总数控制在九个左右,从视觉效果上讲,最好不要超出一屏,否则会给人冗长的感觉。

(2)关联销售的形式。

①直接推荐其他商品。这种关联销售的主要作用是给客户提供更多选择,减少流失率。

②组合销售。比如,套餐搭配更优惠。这种关联销售的作用是更大限度地提高客单价。

③选择套餐推(组合销售)形式的关联销售,在商品数量上以二至四款商品为最佳,推荐五个或者五个以上商品的时候,转化的可能性会大幅度降低。

(3)关联销售商品的选择和价位。

在关联销售商品的选择上,首先,要选择与本款商品有一定联系的商品。例如卖女装,对一款牛仔短裤进行关联销售可以选择推荐不同款式的牛仔短裤,也可以选择推荐和短裤搭配的T恤等。其次,价格上要选择与被关联商品在同一个价格区间的商品,而不是价格相仿的商品。总体来说就是,价格区间和商品的客户标签要高度一致。

(4)关联销售的位置。

一般在详情页的最顶端都可以看到关联销售的信息,这个位置适合放置关联性强的商品,或者促销款、爆款等特别具有吸引力的商品。详情页的最上方是"黄金位置",是客户第一时间,通常也是第一眼,看到的内容区域,因此,这个区域的关联销售设置的内容不宜过多,但是一定要精,要是数据好、客户评论好的商品。

详情页的中间位置适合放置搭配套餐的商品,客户对网店的商品有一定的了解之后,看到中间部分的关联销售或许会想要一起购买,在此处设置配套销售可以提醒消费者购买配套商品,也可以增加商品的曝光度,分享流量。

在详情页的最下方则适合放置款式差别比较大的商品,给客户提供更多的商品选择,例如详情页的商品为沙滩鞋,那么详情页的底部可以推出几款其他款式的沙滩鞋,供客户进行对比、购买。

项目小结

通过本项目的学习,读者可以了解商品各类信息的数字化管理,还可以结合商品在整个电子商务销售过程中的表现,针对商品本身进行管理。通过学习相关知识,读者可以知道商品数据的范畴与数据的收集方式,了解商品的定法分析方法,并能使用圆环图来进行同类型商品的价格带分析,制作相应的图表;此外还能针对商品关联销售的相关情况进行分析,了解其相关理论方法;最后,通过分析,理解商品评价状态,并能针对评价制订优化策略,来提高商品的评价水平。

复习与思考

1. 商品数据的获取方式有哪些?
2. 商品定价主要可采用什么方法?
3. 在采购环节有哪些内容需要着重关注?这些内容分别有什么含义?

项目 5

多多益善：
销售数据化管理

项目概要

　　针对网店或者电商平台的产品销售当然多多益善，本项目将讨论如何通过销售数据的分析来实现提升销量的目标。通过介绍销售数据的范围及价值来介绍相关基础概念，让读者了解在网店或者电商平台日常运维过程中需要注意的一些数据。

　　在读者学习了解网店销售数据之后，本项目进一步介绍产品销售分析中的两个重要概念，即销售量和销售额，并深入讲解针对销售量和销售额的具体分类统计方法和分析手段，以及如何通过销售量和销售额的分析进一步优化营销策略，从而实现提高网店或电商平台最终收益的目的。

　　最后，本项目结合一些实际案例介绍如何针对退货退款的相关订单数据进行统计分析，并进一步分析退货退款的原因，用来改善销售环节中的问题，并进一步提高销售业绩。

学习目标

1. 理解什么是网店销售数据。
2. 能够对网店销售数据进行收集。
3. 了解产品销售数据分析的方法。
4. 掌握销售额和销售量的分类统计分析方法。
5. 掌握退货、退款数据的统计方法。
6. 能够分析退货、退款原因并针对原因对后期销售策略进行优化。

5.1 认识网店销售数据

◆ 5.1.1 网店销售数据的范畴

网店内所有与销售相关的数据都属于网店的销售数据,主要体现商品价格、购买人数、人均消费额等。当然,还可以细化地对每个品类进行统计分析,甚至可以对每个商品进行细化,来进行相关数据的统计分析。这些都属于网店销售数据的范畴。此外,还能通过某一特定商品在不同时间跨度下的销售数据进行趋势变化的统计分析,来观察某一个商品或者某一类商品在市场中受欢迎程度的变化。主流的销售数据包括销售额、订单量、完成率、增长率、重点商品的销售占比、各平台销售占比等。更广义的销售数据还包括利润、成交率(转化率)、人均产出等。这些都是需要关注的数据。

从狭义角度来说,销售数据就是客户消费的商品的数量和价值,包括含税销售额(客户购买商品所支付的金额)、毛利(商品含税销售额减去其进货成本)、净利(去税销售额减去去税的成本)等内容。

当然,网店销售数据不止于此,很多其他数据也很受相关数据分析人员的重视,其中最为核心的数据是支付转化率,没有转化率其他的一切都无从谈起。转化率分析的内容如图5-1-1所示。首先,支付转化率要大于同行同层平均转化率。支付转化率越高,则说明该商品越受欢迎,同时其访客价值也越高。其次,网店的支付转化率取决于具体商品的支付转化率时,如果想要提高网店的支付转化率,就应该先提高具体商品支付转化的比例;除此之外,一个商品的支付转化比例有所上升,则表示顾客对该商品的需求量有所提升,商家可以提供更多的流量给该商品,从而产生更大销售额。最后,分析支付转化比例提升的原因是否同样适用于其他商品;相反,如果一个商品的支付转化率下降,也需要分析原因,并观察如果做出相应的调整是否能够提高该商品的转化率。如果尝试了各种方法,转化率还是没有改善,则可以初步判断该商品没有市场竞争力,此后可降低对此商品的投入,把更多的资源与流量转移到支付转化率更高的商品上。

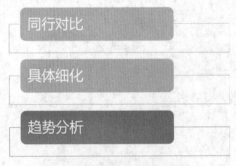

图 5-1-1 转化率分析的内容

除了这些基本内容外,以下数据内容也属于销售数据范畴。

(1)促销次数。促销次数是指针对一件或者一类商品在一段时间内促销的次数,或某个供货商供应的商品在一段时间内参与促销的次数;简单来讲,就是指一个商品单品在某一段时间内参与促销的次数。

（2）客单价。客单价即一次交易中客户支付的金额总和。简单来说,客单价就是销售额除以交易次数所得的数值。

（3）退货率。一段时间内退货金额和进货金额的比值称为退货率,是用于描述在一定时间内网店经营效果如何或者目前商品剩余存货管理情况的一类指标。

（4）售罄率。售罄率是指一定时间内某种商品销售数量与进货数量的比值,这个比值是评价商家收回销售成本和费用的进度的一个指标,后续商家可以根据这个指标判断该商品在什么阶段进行折扣销售最为合理。

（5）连带率。连带率指销售件数与交易次数之间的比值;销售总数量除以销售小票数量得出的比值就称作连带率。

了解这些销售数据的大致含义和计算方式后,就能更好地了解网店销售数据的内容来源和相关影响关系。

◆ 5.1.2 网店销售数据分析的应用

网店销售的最终目标是吸引更多的人访问商家的网店,促使更多的人产生购买行为,并使得每单销售金额逐步增大。具体可以分为以下三个目标（即提高销量的三个要点,如图 5-1-2 所示）：

其一,提高网店的访问人数——客流（或者叫流量）；

其二,提高客户进行购买的比例——转化率；

其三,提高客户每单花费的金额——客单价。

图 5-1-2 提高销量的三个要点

销售数据分析的应用主要体现在以下几方面：

（1）通常这三项数据均有行业内的基准值,可以通过一些数据统计平台来获取行业相关平均值,或者找类似行业的相关数值作为基准来给企业自身的网店或者电商平台进行数据比对。电商企业通过各项数据的横向比较便能知道自己在相关行业中的大致销售水平,以此找到后期需要着重提高的方面。

（2）除了可以和同行业的相关数据进行横向比较外,还能结合网店或者电商平台的历史表现进行纵向的比较,对自身发展趋势或者状态水平进行评估。网店销售数据横纵向比较如图 5-1-3 所示。结合横向、纵向的平面评估体系,销售数据分析能够帮助相关业务更好地进行定位与优化,帮助网店或者电商平台取得更好的销售业绩。

（3）可以通过将目标锁定在提高支付转化率上,再根据实际情况来提高访客数。如果仔细研究访客数就能够发现,其中最重要的就是分析流量来源,只有将流量来源分析清楚,才能知晓支付转化率比较高的流量来自哪里从而提高支付转化率。

（4）提高客单价,是网店或电商平台运营过程中的一个亘古不变的主题。

①在流量相同的前提条件下,通过尽可能多地将流量引导到单价高且转化率高的商品

图 5-1-3　网店销售数据横纵向比较

上,就能有效地将冷门商品的流量引到更高转化率的商品上,从而提高最终的客单价。

②如果需要从同产品介绍、营销活动、满赠规则、客服话术等多个维度同时进行优化,应该尽可能地从用户的需求出发吸引用户买更多的商品,同一用户买得越多则客单价就会越高。

针对销售数据的分析,常将重要的指标呈现在一张报表中,常见的形式是日报或者周报,因为更长的统计周期不利于及时发现问题并进行调整。通过对一定周期的数据进行监测和比较能够更好地发现问题。

例如,"木樨生活"电商平台每周针对自己各个类型的服饰进行销售统计,根据以往的销售经验,每年七月份、八月份是防晒衣的销售旺季,但今年某区域的防晒衣销售量却远低于历史水平。于是,相关人员进行了分析和研究,发现这与该区域近期频繁受到台风影响、导致大规模降雨密不可分,阴天加降雨,使得防晒衣需求锐减。针对这一情况,该电商企业改变策略,在七月份减少了防晒衣的推荐,改在该地区推荐轻薄雨衣,并在八月份天放晴的时候加大防晒衣的推荐力度,从而更好地消化了积累的市场需求。

5.2　产品销售数据分析

了解了销售数据的范畴和价值之后,就需要动手去对数据进行统计和分析,使其产生实际价值,包括:

(1)产品销售数据的统计和分析;

(2)销售量和销售额数据的统计和分析;

(3)使用相关统计分析结果来进一步优化企业的营销策略。

◆ 5.2.1　销售量的分类统计与分析

销售量的分类统计在销售数据分析过程中起着至关重要的作用。在进一步了解相关分类统计和分析之前,需要了解销售量的概念。

销售量即销售的商品的数量,但需要注意的是,这里的数量还要加上限制,即只针对符合要求、质量合格的商品,如果销售的商品存在质量问题,将不能被计算在内。如图5-2-1所示,销售量统计只关心在某一周期内的销售情况,而不关心其生产周期。通常,在加工企业使用订货者的来料加工生产产品,只从中收取加工费的生产形式下,如若订货者是本国境内的非工业企业或是境外的企业,那么相关的产品销售量应当由加工企业(即承包企业)进行统计;相反,如若订货者是本国境内的工业型企业,那么产品的销售量就应由委托企业(即发包企业)来统计。如若加工企业不进行统计,那么就应该依据工业总产值中的规定区分来料加工与自备原材料生产的形式。

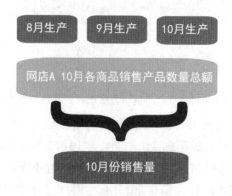

图 5-2-1　销售量统计

此外,产品销售量以产品销售实现为核算原则,即在产品已发出,货款已经收到或者得到了收取货款的凭据(作为销售实现)时,统计产品销售量。同时,由于企业销售形式的不同(企业的不同销售形式如图 5-2-2 所示),针对某些特殊性质产品的销售量统计遵从以下几种规定:

(1)采用送货制销售的,产品如由本企业运输部门发运,以产品出库单上的数量、日期为准;如委托专业运输部门发运,则以运输部门的承运单上的数量、日期为准。

(2)采用提货制销售的,以给用户开具的发票和提货单上的数量、日期为准进行数据统计。

(3)采用代售制销售的,即委托其他单位代销产品的,以企业收到代销单位的代销清单为准。

(4)采用预收款制销售的,即产品销售是通过预收货款进行的,则在发出产品时作为销售实现。产品尚未生产出来,已预收货款或预开提货单的,不应算作销售实现。

(5)采用出口制的商品销售包括两部分:一是离岸商品的销售,此类销售以海关运输单据为准;二是出口商品国内销售,即各级外贸企业向国内市场销售其不符合出口要求的出口商品或做出支援国内市场的出口商品的行为,此类商品销售统计范围不包括外贸企业之间的调出和作价卖断的商品、专门用于安排国内市场的商品、以作价方式付给工厂加工出口商品的原材料、库存商品的换货和退货及库存商品的损耗。

图 5-2-2　企业的不同销售形式

此外,在统计产品销售量时,应关注图 5-2-3 所示的几种类型,还应注意以下几点内容。以"木樨生活"电商平台销售服饰为例,如果批发销售给零售商 100 件,但是其中有 20

图 5-2-3 产品销售量统计关注类型

件产品存在质量问题,零售商要求退货,那么此次的销售量就记为 100 件－20 件 = 80 件。

如果"木樨生活"服饰代理某外国品牌产品在中国的销售,并在中国区域内为其申请了新品牌,新品牌产品销售给其他零售商时,此类产品的销售不能计为销售量。

同样,前面提到的预售不能计为销售量,只有在用户支付了尾款之后,才算完成了交易,才能计算到销售量中。

网店销售量的数据分类统计也可以依靠部分专业软件工具,例如登录"电子商务数据分析与应用实训沙盘系统",在"商品概况分析"下的"商品销量分析"中,单击"添加"导入某一网店某月的所有销售数据,如图 5-2-4 所示。

图 5-2-4 利用"电子商务数据分析与应用实训沙盘系统"导入销售数据

导入成功后,鼠标左键单击"导出结果",即可得到该网店某月销售数据的统计分析图,如图 5-2-5 所示。

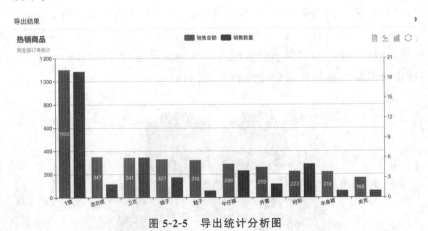

图 5-2-5 导出统计分析图

通过柱状图,我们不难发现,在这个数据统计周期内,T 恤的销售数量和销售金额明显高于其他产品,合理地扩大 T 恤的生产量,加大其市场推广力度,能有效地响应市场需求,从而进一步提高整体销售业绩。

◆ 5.2.2 销售额的分类统计与分析

与销售量不同,销售额是指实际销售产品所产生的金额。销售额通常情况下可以用销售量乘以平均销售价格来进行计算。同样,通过平台工具可以针对销售数据进行研究和分析,进一步评估销售额预估和实际销售额之间的差距,并深入分析其中的差距和原因,为未来的销售工作提供指导。

从销售额分析目的(见图 5-2-6)来讲,主要有四个方面需要通过销售额分析来实现。

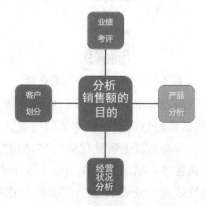

图 5-2-6　销售额分析目的

(1)实现业绩考评。销售额分析能够帮助网店或者电商平台定期审视自己的销售情况,从中发现问题,并及时改变策略,从而帮助网店或者电商平台更好地提高销售额。同时,网店或者电商平台也可以通过针对销售额的分析来评估整体运营情况。

以"木樨生活"电商平台为例,2019 年 8 月服饰的销售额为 25 万元,2020 年 8 月的销售额为 30 万元。不难发现,二者相比,2020 年 8 月服饰的销售额提高了 5 万元,也就是说同比增长了 20%。再结合该平台整体的年销售额增长率目标——10%,就可以得出一个初步结论:2020 年 8 月的销售额超过了年增长目标,是一个非常好的势头,也许能帮助"木樨生活"服饰突破年增长的目标,达到更高的销售额。

(2)实现产品分析。进一步分析各个产品销售额的详情,可以更好地定位"明星"产品,并制订销售策略。

仍以"木樨生活"服饰 2020 年 8 月的销售情况为例,在 30 万元的销售额中,有 15 万元来自夏季新品系列的销售,那么可以说该系列产品就是 2020 年的"明星"产品,可以在市场中加大推广力度,从而使更多的用户了解该系列产品,从而提高最终的销售额。

(3)实现经营状况分析。分析销售额可以帮助电商企业管理者分析本企业的经营状况。每个网店或电商平台运营时都会有基础成本、原材料成本、加工成本、仓储成本、物流成本、运维成本等,除去这些成本之后的销售所得,才是利润。若销售额正好达到这些成本的总和,就可以说该电商企业初步实现了收支平衡,但是没有赚钱,而这种情况,我们也称其为盈亏平衡。

(4)实现客户划分。分析销售额可以帮助网店或电商平台对客户进行分类。不同客户的消费观和消费能力是不一样的,找到真正对网店或电商平台销售有意义的客户,并大幅提高转化率,有助于提高销售额。

在了解销售额分析的目的后,需要进一步了解销售额分析的内容,图 5-2-7 所示的销售额分析的主要内容需要着重分析,这些主要内容也是销售额分析的基础内容。

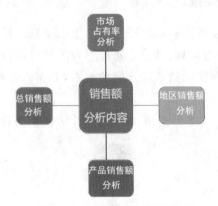

图 5-2-7　销售额分析主要内容

第一,市场占有率分析。市场占有率即市场份额,通常是指在一定时期相关产品在市场上的销售量或销售额占同类产品销售总量或销售总额的比重。若一件产品在市场上的占有率较高,则说明销售该产品的企业在市场上所处优势明显,同时其适应市场能力较强;反之,如果市场占有率较低,则表明销售该产品的企业在市场上处于劣势,适应市场的能力相对较弱。然而,这一指标不能完全反映出企业或者生产厂商与其竞争对手的比较情况,因此,可运用相对市场占有率表明企业在市场上的竞争地位的高低和竞争力的强弱。

第二,地区销售额分析。销售额区域分析能帮助网店或电商平台更好地分析市场的区域化需求。同样的产品在各个区域的需求情况是不一样的,只有透彻分析产品需求的区域分布,才能更好地规划产品生产及销售策略,从而提高产品的销售业绩和市场占有率。

例如,利用"电子商务数据分析与应用实训沙盘系统"平台,单击"经营概况分析"下的"订单区域分析","添加"某一商品在一定周期范围内的订单数据,并针对不同地址用户所购买的商品的数量进行分析,如图 5-2-8 所示。

图 5-2-8　添加商品在一定周期范围内的订单数据

数据导入成功后,单击"导出结果",可得到全国范围内的各区域用户付款金额分布图。

通过导出的结果,可以发现该固定周期内的所有销售额来源,知道此类产品更适合哪些区域的消费者,哪些区域仅有少量消费者会购买。在后续的产品生产上,可以更加有针对性地考虑销售额较高地区消费者的消费习惯及需求,进行改良加工,更多地获得此区域消费者的青睐,确保该区域的消费额度稳步增长。从另外一方面来讲,还需要分析研究为何其他区域的消费者不太能够接受该产品,针对分析结果对市场进行调研,看如何改进产品,才能尽可能多地获得购买者的认可,逐步扩大销售范围,从而提高营业额。

以"木樨生活"服饰为例,其总销售额是指在规定时间段内所有地区(客户)、所有产品销售额的总和。其产品包括各类服饰及服饰配件等;其销售地区包括华东、华北、华南、西北地区等。对于"木樨生活"服饰的运维管理人员来说,这些数据的分析和比较有着重要的意义,可以帮助他们更好地了解该企业在整个行业中的位置,以及后期的发展空间。

地区销售额分析是在某种特定空间划分方式下区域的销售情况。光有整体的概念是不够的,还需要更加细化的分析,从而更好地定位详细的问题,并制订更详尽的方案。

第三,产品销售额分析。产品销售额分析是针对不同产品的销售情况进行的分析,这种分析方式有助于了解各个产品的市场表现。以"木樨生活"服饰的销售情况为例,如果其服饰产品在各个地区销售额都一样,那么按照产品系列进行进一步分析则能得到更多有价值的信息。例如,虽然在各个地区该品牌服饰的销售额接近,但细化后能够发现,北方消费者更喜欢"国潮"系列的服饰,而南方消费者则更喜欢简约欧美风系列。这样针对地区差异化进行分析可以进一步明确自身产品受众。不难想象,后期"木樨生活"电商平台管理者将做出的调整就是,在北方主推"国潮"系列服饰,在南方主推简约欧美风系列服饰。

在实际工作中,销售额分析可以通过两种方式进行,如图 5-2-9 所示。

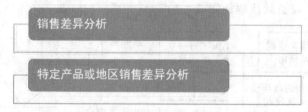

图 5-2-9 销售额分析方法

首先是销售差异分析。企业销售差异分析,就是分析并确定不同因素对销售绩效的不同作用。假设某网店年度计划第一季度销售 5 000 件产品,每件售价为 2 元,即第一季度销售额应为 10 000 元。在第一季度结束时,只销售了 3 000 件,每件 1 元,即实际销售额为 3 000 元。那么,销售绩效差异为 7 000 元,或者说完成了计划销售额的 30%。显然,导致销售额差异的原因是价格和销售量下降。至于销售绩效的降低有多少归因于价格下降,多少归因于销售数量的下降,可做如下分析:

因价格下降导致销售额的差异为(2 元-1 元)×3 000=3 000 元。

因销量下降导致销售额的差异为 2 元×(5 000-3 000)=4 000 元。

由此可见,没有完成计划销售量是造成销售额差异的主要原因,该网店需进一步分析销售量下降的原因。

其次是特定产品或地区销售差异分析。特定产品或地区销售差异分析,就是具体分析和确定未能达到计划销售额的特定产品、地区等。假设某企业在 3 个地区销售,其计划销售额分别为 1 500 万元、500 万元和 2 000 万元,计划销售总额为 4 000 万元;而实际销售额分别是 1 400 万元、525 万元、1 075 万元。就计划销售额而言,第一个地区有 6.7% 未完成,第二个地区超额完成 5%,第三个地区的有 46% 未完成。主要问题显然在第三个地区,网店运维人员要查明第三个地区销售额不达标的原因,加强对该地区销售工作的管理。

在企业的销售管理过程中,要经常进行销售额分析,以发现销售过程中存在的问题,奖优罚劣,保证企业销售目标的实现。

5.3 退货、退款的统计分析

无论线上运营还是线下运营,对于商家来说,退货与退款是他们最不希望看到的情况,因为退(换)货、退款不仅会增加时间成本,还会造成直接的利益损失。电商企业通过对退货、退款情况进行统计与分析,可以更好地减少退货、退款的数量,提高经营水平与口碑。

◆ 5.3.1 退货、退款订单统计分析

退货、退款订单大致分为两类,即仅退款与退货退款。

1. 仅退款

仅退款,顾名思义,退款不退货。

消费者只需在前台发起仅退款流程申请,触发仅退款审核流程,然后前台与后台进行仅退款审批过程流转。仅退款流程如图 5-3-1 所示。

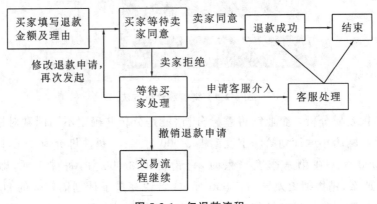

图 5-3-1 仅退款流程

2. 退货退款

申请退货退款的消费者需要在前台发起申请流程,触发审核流程后,前台与后台进行退货退款审批过程流转。相较仅退款流程,退货退款流程多了用户发货、商家收货的流程,如图 5-3-2 所示。

无论是哪种退货、退款订单,均会提高商家的退款率,商家需要统计退款率、退款金额和由于退款产生的额外成本。因此,退货、退款订单需要引起商家的重视。

客户退货、退款首先需要提交申请,然后填写退货、退款原因,而不同的原因能够反映出运营过程中真实存在的问题,商家可以利用这些退货、退款数据进行统计分析,对后期的产品销售进行改进。在这里,以服装类的退货、退款数据分析为例,介绍如何通过销售数据的分析,帮助电商企业进一步优化生产计划布局,从而提高销售业绩。

(1)新建一个名为"服装类商品退款退货统计表"的工作表,输入相关退款退货订单数据,并设置行高与列宽,效果如图 5-3-3 所示。

(2)设置工作表的对齐方式、字体等相关格式,并添加框线效果,如图 5-3-4 所示。

(3)选中 E2 单元格,同时按住"Shift"键,再选中 E15 单元格后,按"Ctrl"+"C"复制 E2

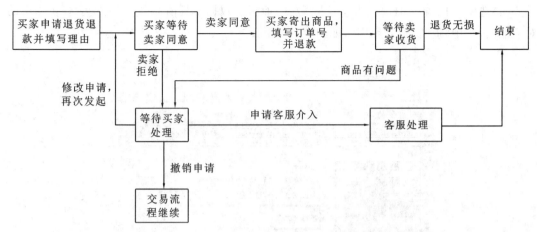

图 5-3-2　退款退货流程

服装类商品退款退货统计表

订单编号	买家会员名	退款账号	宝贝标题名称	退货/退款原因	全部/部分退款	退款金额/元
889056655458875000	追风少年	189****4551	女装 百搭条纹翻领衬衫女 2018夏装新款chic直筒中袖衬衣女	质量问题	部分退款	20
154222459555755000	爱吃猫的鱼	171****4525	2018夏季新款时尚休闲运动服装套装女夏天短袖女休闲两件套潮夏装	描述与商品不符	全部退款	139
584533545897512000	太阳花	180****4578	2018春款新款时尚休闲运动服套装春秋装时髦卫衣女装两件套韩版潮	发错商品	全部退款	128
115433655875421000	love_wei	151****9856	2018夏季新款时尚短袖夏装休闲运动套装两件套夏天衣服韩版潮女装	质量问题	部分退款	30
124569841155223000	爱淘	187****4574	运动套装女夏季新款2018韩版短袖七分裤休闲两件套夏天时尚夏装潮	描述与商品不符	全部退款	69
155874541354553000	网名不重要	168****4545	运动套装女2018夏季新款休闲装两件套时尚夏天短袖显瘦运动衣服潮	质量问题	部分退款	10
165987544451579000	朕是皇上	185****5661	运动服套装女2018夏季新款韩版夏天短袖时尚休闲两件套夏装七分裤	发错商品	全部退款	89
844235785135458000	乐天派	145****4584	2018夏季新款韩版时尚运动服装套装女夏天休闲两件套短袖宽松薄款	发错商品	全部退款	199
254843548765123000	鸽子	181****9856	夏季新款时尚休闲运动两件套装2018女潮夏天短袖宽松迷彩服两件套	质量问题	部分退款	50
485752324546654000	来自太阳的我	134****7568	花色运动服套装女夏季短款休闲两件套时尚短袖夏装七分裤2018新款	商品漏发	部分退款	30
122545354225487000	尔若安好,便是晴天	187****5475	2018桑蚕丝薄中长款春夏季新款针织开衫女外搭冰丝防晒衣外套空调衫	质量问题	部分退款	20
547886544254785000	明天会更好	177****7545	薄款桑蚕丝春夏新款针织衫圆领镂空纯色上衣宽松冰丝中袖 好T恤女	补差价	部分退款	15
123658455786554000	我是一只蜡烛	186****5485	春秋韩版新品中长款羊毛衫外搭针织好开衫宽松长袖毛衣披肩外套女	补差价	部分退款	10

图 5-3-3　新建“服装类商品退款退货统计表”工作表

服装类商品退款退货统计表

订单编号	买家会员名	退款账号	宝贝标题名称	退货/退款原因	全部/部分退款	退款金额/元
889056655458875000	追风少年	189****4551	女装 百搭条纹翻领衬衫女 2018夏装新款chic直筒中袖衬衣女	质量问题	部分退款	20
154222459555755000	爱吃猫的鱼	171****4525	2018夏季新款时尚休闲运动服装套装女夏天短袖女休闲两件套潮夏装	描述与商品不符	全部退款	139
584533545897512000	太阳花	180****4578	2018春款新款时尚休闲运动服套装春秋装时髦卫衣女装两件套韩版潮	发错商品	全部退款	128
115433655875421000	love_wei	151****9856	2018夏季新款时尚短袖夏装休闲运动套装两件套夏天衣服韩版潮女装	质量问题	部分退款	30
124569841155223000	爱淘	187****4574	运动套装女夏季新款2018韩版短袖七分裤休闲两件套夏天时尚夏装潮	描述与商品不符	全部退款	69
155874541354553000	网名不重要	168****4545	运动套装女2018夏季新款休闲装两件套时尚夏天短袖显瘦运动衣服潮	质量问题	部分退款	10
165987544451579000	朕是皇上	185****5661	运动服套装女2018夏季新款韩版夏天短袖时尚休闲两件套夏装七分裤	发错商品	全部退款	89
844235785135458000	乐天派	145****4584	2018夏季新款韩版时尚运动服装套装女夏天休闲两件套短袖宽松薄款	发错商品	全部退款	199
254843548765123000	鸽子	181****9856	夏季新款时尚休闲运动两件套装2018女潮夏天短袖宽松迷彩服两件套	质量问题	部分退款	50
485752324546654000	来自太阳的我	134****7568	花色运动服套装女夏季短款休闲两件套时尚短袖夏装七分裤2018新款	商品漏发	部分退款	30
122545354225487000	尔若安好,便是晴天	187****5475	2018桑蚕丝薄中长款春夏季新款针织开衫女外搭冰丝防晒衣外套空调衫	质量问题	部分退款	20
547886544254785000	明天会更好	177****7545	薄款桑蚕丝春夏新款针织衫圆领镂空纯色上衣宽松冰丝中袖 好T恤女	补差价	部分退款	15
123658455786554000	我是一只蜡烛	186****5485	春秋韩版新品中长款羊毛衫外搭针织好开衫宽松长袖毛衣披肩外套女	补差价	部分退款	10

图 5-3-4　设置相关格式并添加框线效果

至 E15 单元格的内容，然后单击选中 A18 单元格，按“Ctrl”+“V”，将 E2 至 E15 单元格的内容粘贴至 A18 至 A31 单元格中，如图 5-3-5 所示。

18	退货/退款原因
19	质量问题
20	描述与商品不符
21	发错商品
22	质量问题
23	描述与商品不符
24	质量问题
25	发错商品
26	发错商品
27	质量问题
28	商品漏发
29	质量问题
30	补差价
31	补差价

图 5-3-5　将 E2 至 E15 单元格的内容粘贴至 A18 至 A31 单元格中

(4)选中 A18 至 A31 单元格,单击"数据"面板下数据工具内的"删除重复项",在弹出的对话框内,选中"退货/退款原因",如图 5-3-6 所示。

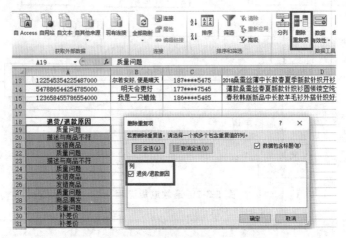

图 5-3-6　删除 A18 至 A31 单元格中的重复项

(5)单击"确认",会提示已删除几个重复值,如图 5-3-7 所示。

图 5-3-7　提示已删除重复值的个数

(6)选中 A18 至 A23 单元格内容,按"Ctrl"+"C"复制,然后单击选中 A17 单元格,按"Ctrl"+"V"粘贴(此时需要注意,不能粘贴在已选中的单元格内,会无效)。粘贴后,A22 单元格的右下角有个粘贴选项图标,在其下拉列表里,选中"转置",如图 5-3-8 所示。

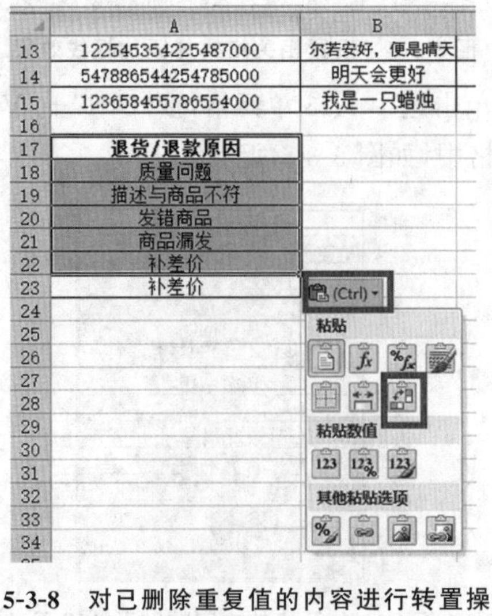

图 5-3-8　对已删除重复值的内容进行转置操作

(7)转置操作后,A18 至 A23 单元格的内容就被粘贴至第 17 行的 A~F 列,如图 5-3-9 所示。

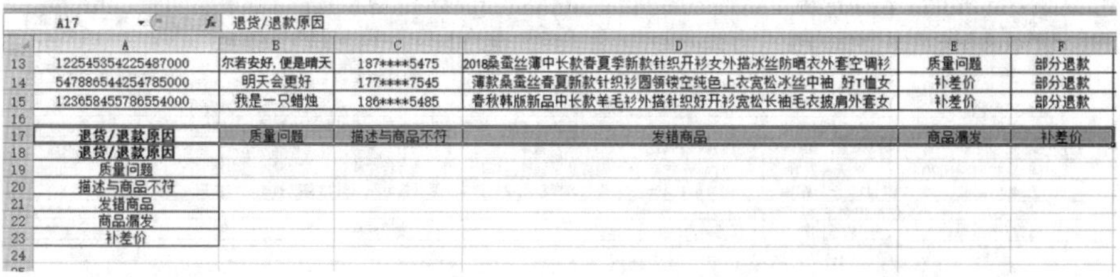

图 5-3-9 转置结果

(8)选中 A18 至 A23 单元格,单击右键,选择"删除"选项下的"右侧单元格左移",如图 5-3-10 所示。

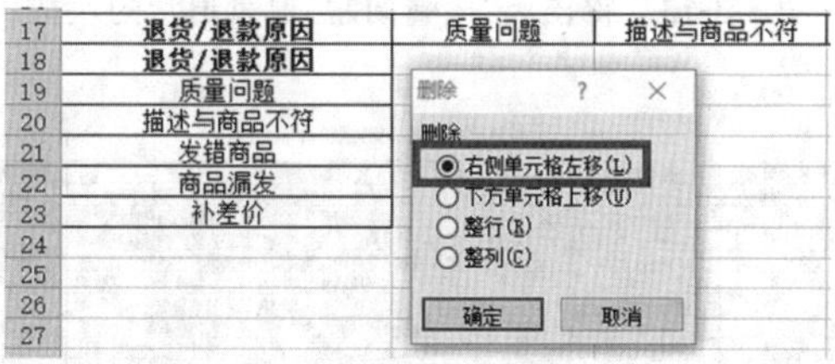

图 5-3-10 删除 A18 至 A23 单元格并使右侧单元格左移

(9)在 A18 单元格内输入"数量",然后利用格式刷,把 A17 单元格的格式复制给 A18 单元格。选中第 17 行和第 18 行的 A~F 列,设置对齐方式及行高、列宽等,并添加框线效果,如图 5-3-11 所示。

图 5-3-11 设置第 17 行和第 18 行的 A~F 列格式并添加框线效果

(10)运用"COUNTIF"函数,统计各种原因退款退货的次数。选中 B18 单元格,输入公式"=COUNTIF(E3:E15,B17)",其中,"E3:E15"可通过用鼠标左键框选筛选的范围(E3~E15 单元格)输入,框选范围后,在 B18 单元格内输入",",再单击需要筛选的内容(单元格 B17),如图 5-3-12 所示。

(11)确认公式后,B18 单元格内得出结果"5",如图 5-3-13 所示。

(12)选中 B18 单元格,鼠标光标移至单元格右下角,光标变成"+",然后按住向右拖拽至 F18,统计出其余原因退款退货的次数,如图 5-3-14 所示。

利用这样的方法,商家可以统计所有原因退款退货的数量,可以快速了解哪些原因最容易导致客户退货、退款。商家通过这样的分析,可以了解什么样的产品问题可能导致用户退货、退款,在后期的生产销售过程中相应地进行规避,以便给客户带来更好的体验,最终达到提高销售业绩和转化率的目的。

2	订单编号	买家会员名	退款账号	宝贝标题名称	退货/退款原因
3	889056655458875000	追风少年	189****4551	女装 百搭条纹翻领衬衫女 2018夏装新款chic直筒中袖衬衣女	质量问题
4	154222459555755000	爱吃猫的鱼	171****4525	2018夏季新款时尚休闲运动服装套装女夏天短袖女休闲两件套潮夏装	描述与商品不符
5	584533545897512000	太阳花	180****4578	2018春款新款时尚休闲运动服套装春秋装时髦卫衣女装两件套韩版潮	发错商品
6	115433655875421000	love_wei	151****9856	2018夏季新款时尚短袖夏装休闲运动套装两件套夏天衣服韩版潮女装	质量问题
7	124569841155223000	爱淘	187****4574	运动套装女夏季新款2018韩版短袖七分裤休闲两件套夏天时尚夏装潮	描述与商品不符
8	155874541354553000	网名不重要	168****4545	运动套装女2018夏季新款休闲装两件套时尚夏天短袖显瘦运动衣服潮	质量问题
9	165987544451579000	朕是皇上	185****5661	运动服套装女2018夏季新款韩版夏天短袖时尚休闲两件套夏装七分裤	发错商品
10	844235785135458000	乐天派	145****4584	2018夏季新款韩版时尚运动服装套装女夏天休闲两件套短袖宽松薄款	发错商品
11	254843548765123000	鸽子	181****9856	夏季新款时尚休闲运动两件套装2018女潮夏天短袖宽松迷彩服两件套	质量问题
12	485752324546654000	来自太阳的我	134****7568	花色运动服套装女夏季短款休闲两件套时尚短袖夏装七分裤2018新款	商品漏发
13	122545354225487000	尔若安好，便是晴天	187****5475	2018桑蚕丝薄中长款春夏季新款针织开衫女外搭冰丝防晒衣外套空调衫	质量问题
14	547886544254785000	明天会更好	177****7545	薄款桑蚕丝春夏新款针织衫圆领镂空纯色上衣宽松冰丝中袖 好T恤女	补差价
15	123658455786554000	我是一只蜡烛	186****5485	春秋韩版新品中长款羊毛衫外搭针织好开衫宽松长袖毛衣披肩外套女	补差价
16					
17	退货/退款原因	质量问题	描述与商品不符	发错商品	商品漏发
18	数量	=COUNTIF(E3:E15,B17)			

图 5-3-12 输入 COUNTIF 函数以统计各原因退款退货次数

17	退货/退款原因	质量问题	描述与商品不符	发错商品	商品漏发	补差价
18	数量	5				

图 5-3-13 得出因“质量问题”退款退货的次数

1	服装类商品退款退货统计表						
2	订单编号	买家会员名	退款账号	宝贝标题名称	退货/退款原因	全部/部分退款	退款金额
3	889056655458875000	追风少年	189****4551	女装 百搭条纹翻领衬衫女 2018夏装新款chic直筒中袖衬衣女	质量问题	部分退款	20
4	154222459555755000	爱吃猫的鱼	171****4525	2018夏季新款时尚休闲运动服装套装女夏天短袖女休闲两件套潮夏装	描述与商品不符	全部退款	139
5	584533545897512000	太阳花	180****4578	2018春款新款时尚休闲运动服套装春秋装时髦卫衣女装两件套韩版潮	发错商品	全部退款	128
6	115433655875421000	love_wei	151****9856	2018夏季新款时尚短袖夏装休闲运动套装两件套夏天衣服韩版潮女装	质量问题	部分退款	30
7	124569841155223000	爱淘	187****4574	运动套装女夏季新款2018韩版短袖七分裤休闲两件套夏天时尚夏装潮	描述与商品不符	全部退款	69
8	155874541354553000	网名不重要	168****4545	运动套装女2018夏季新款休闲装两件套时尚夏天短袖显瘦运动衣服潮	质量问题	部分退款	10
9	165987544451579000	朕是皇上	185****5661	运动服套装女2018夏季新款韩版夏天短袖时尚休闲两件套夏装七分裤	发错商品	全部退款	89
10	844235785135458000	乐天派	145****4584	2018夏季新款韩版时尚运动服装套装女夏天休闲两件套短袖宽松薄款	发错商品	全部退款	199
11	254843548765123000	鸽子	181****9856	夏季新款时尚休闲运动两件套装2018女潮夏天短袖宽松迷彩服两件套	质量问题	部分退款	50
12	485752324546654000	来自太阳的我	134****7568	花色运动服套装女夏季短款休闲两件套时尚短袖夏装七分裤2018新款	商品漏发	部分退款	30
13	122545354225487000	尔若安好，便是晴天	187****5475	2018桑蚕丝薄中长款春夏季新款针织开衫女外搭冰丝防晒衣外套空调衫	质量问题	部分退款	20
14	547886544254785000	明天会更好	177****7545	薄款桑蚕丝春夏新款针织衫圆领镂空纯色上衣宽松冰丝中袖 好T恤女	补差价	部分退款	15
15	123658455786554000	我是一只蜡烛	186****5485	春秋韩版新品中长款羊毛衫外搭针织好开衫宽松长袖毛衣披肩外套女	补差价	部分退款	10
16							
17	退货/退款原因	质量问题	描述与商品不符	发错商品	商品漏发	补差价	
18	数量	5	2	3	1	2	

图 5-3-14 统计其余原因退款退货次数

◆ 5.3.2 退货、退款原因分析

对于统计出的各原因的退货退款次数，应进行分析。以图 5-3-14 所示的退货退款统计结果为例，应进行以下分析：

“质量问题”，出现一两次，商家也许可以选择忽略，如果出现多次，商家就需要反思：进货的材料是否出了问题；包装是否足够结实，在运送过程中是否容易被划破；厂家出厂前的检测是否出了纰漏，等等。

“描述与商品不符”，商家应反思在做产品描述时是否弄错了内容，抑或是图片修饰过度，文字描述不够准确等。

“发错商品”，商家应反思快递物流部分是否出了问题，又或者打包环节是否出了差错。

……

客户退货的理由有很多，商家需要定期查看、分析退货的原因，查找源头。

商家可以利用条形图，来查看商品退货退款原因及对应的退货、退款次数，并分析退货、退款的主要原因，从而制订相应的策略。以图 5-3-14 所示的退货、退款统计为例，条形图的制作过程如下。

(1)选中第 17 行和第 18 行的 A～F 列，单击“插入”—“图表”—“条形图”，在条形图列表中，选择“二维簇状条形图”，得到的效果如图 5-3-15 所示。

(2)修改标题为“服装类商品退货情况分析”，如图 5-3-16 所示。

(3)选中条形图的横坐标轴，单击右键—“设置坐标轴格式”，如图 5-3-17 所示。

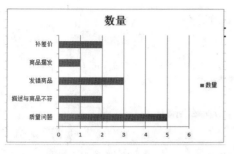
图 5-3-15　插入条形图

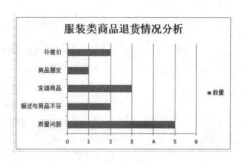
图 5-3-16　修改标题

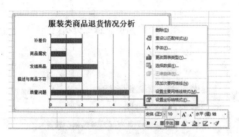
图 5-3-17　选择"设置坐标轴格式"

（4）在弹出的面板内选择"坐标轴选项"，将边界最大值由"自动"变为"固定"，并在"固定"后的框内输入"5.0"，如图 5-3-18 所示。

图 5-3-18　设置横坐标轴边界最大值

（5）用同样的方法可以设置纵坐标轴，将其调整至合适的大小，设置后效果如图 5-3-19 所示。

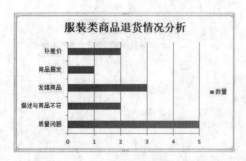
图 5-3-19　调整坐标轴至合适大小

（6）选中柱形条，单击鼠标右键，选择"添加数据标签"，所得效果如图 5-3-20 所示。
（7）在"设计"面板的"图表样式"中选择"样式 26"，所得效果如图 5-3-21 所示。
至此，"服装类商品退货情况分析"条形图完成。
由图 5-3-21 可以知道，质量问题是退货、退款原因中最大的问题。针对这一退货、退款

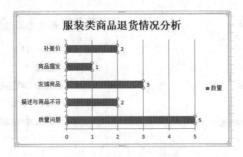

图 5-3-20　为条形图添加数据标签

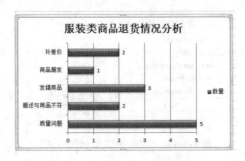

图 5-3-21　修改图表样式后的效果

原因,商家需对应进行处理。首先,商家需要联系厂商核实货源质量问题;其次,需要向打包员工调查在打包过程中是否存在打包材料容易破损等问题;最后,需要联系物流快递,询问运输过程中是否有碰撞等,通过问题查找出有纰漏的环节,以便有针对性地提高产品质量,减少因质量问题而产生的退货、退款量。同样,别的原因也可以按照类似的方法查找出问题所在。

实训大作业

1. 实训背景

针对某品牌服装销售平台的退货数据如下图所示,将所有产品的退货进行了记录,需结合数据表格工具进行统计分析。

	A	B	C	D	E	F
1	2018年某品牌服装退货季度统计 (单位: 次)					
2	周期	围巾	毛衣	衬衣	牛仔裤	袜子
3	第一季度	12	15	20	18	10
4	第二季度	10	13	15	20	8
5	第三季度	8	10	12	15	3
6	第四季度	5	11	11	12	5

2. 实训目标

(1)制作带数据标记的折线图。

(2)分析该平台的销售数据。

3. 实训步骤

(1)选中所有数据,单击"插入"—"图表"—"折线图"—"带数据标记的折线图",效果如下图所示。

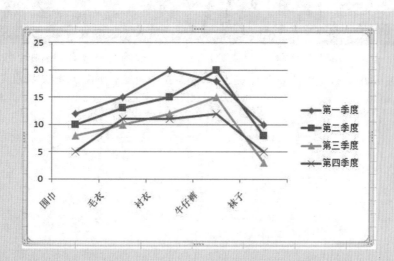

(2)选择"图表布局"下的"布局 5",然后更改标题为"2018 年度某品牌服装退货季度统计",效果如下图所示。

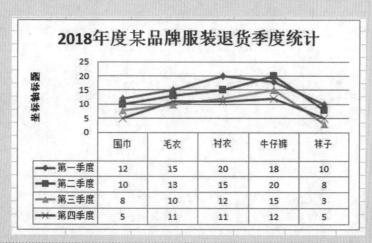

项目小结

通过本项目的学习,读者可以理解网店销售数据、销售数据的范围及价值的相关概念和内容,并掌握销售数据的分析方法,通过对销售数据进行分析,可以有效地提升销量。销售量和销售额是销售数据分析中的两个重要概念,本项目深入讲解了销售量和销售额的具体分类统计方法和分析手段,电商企业可以通过对销售量和销售额进行分析进一步优化营销策略,提高网店或者电商平台的最终收益。项目最后对案例进行了分析,讲解了如何针对退货、退款的相关订单数据进行统计分析,并根据统计的结果分析退货、退款的原因,以此来使网店或电商平台管理人员得以相应改进,从而降低退货、退款率,进一步提升销售业绩。

复习与思考

1. 小丽是一家女装网店的客服,近期她所在的网店收到一个差评,她应该怎么处理?
2. 针对某些特殊性质的产品进行销售时,产品销售量统计应遵从哪几项规定?

项目6

面面俱到：
供应链数据管理

项目概要

网店运营离不开后端供应链体系的支撑，因此，在日常的运营工作中应对供应链数据进行管理、分析，通过数据将供应链中的各个业务系统打通，发现这些数据之间的联系，从而对生产环节中的物料、生产、物流进行更好的掌控，进而提高流转效率，降低成本。本项目主要从供应链、仓储、物流三个方面展开，介绍供应链数据的相关知识。

学习目标

1. 了解供应链与供应链数据的基本含义。
2. 了解电商库存的基本内容。
3. 掌握库存周转数据分析方法。
4. 掌握物流数据分析的基本知识。

6.1 供应链数据分析

供应链涉及生产制造的多个环节,其整体是一个网链结构,从最基础的零件到产品再到来到消费者手中的整个过程都涉及供应链。

6.1.1 了解供应链

供应链是指商品的原材料供应、生产、运输、销售等形成的网链结构,涵盖生产制造、运输、销售等多个环节。供应链是指围绕核心企业,从配套零件开始,制成中间产品以及最终产品,最后由销售网络把产品送到消费者手中的,将供应商、制造商、分销商及最终用户连成一个整体的功能性网链结构。

1. 供应链的基本要素

(1)供应商:给生产企业提供原材料或零部件的企业。

(2)生产企业:产品制造业中处于产品生产过程中最重要的工作环节的厂家,负责产品开发、设计、生产和售后服务等。

(3)分销企业:位于生产企业和零售企业中间的企业,负责把生产企业生产的产品分销到各个零售企业。

(4)零售企业:将产品直接销售给消费者的企业。

(5)物流企业:提供产品运输、仓储等服务的企业。

2. 供应链的四个流程

供应链一般包括物流、商流、信息流、资金流四个流程。这四个流程有其各自不同的功能以及不同的流通方向。

(1)物流。物流过程主要是指商品、原材料等的运输和配送过程,该流程由供应商、生产商、批发商、消费者等多个要素组成。

(2)商流。商流是指买卖双方订单的签订,买卖双方可以是零售企业和消费者,也可以是生产企业和分销企业。

(3)信息流。信息流是指信息的流动,如商品信息、物流信息、交易信息等在不同的供应链节点间流动。

(4)资金流。资金流是指货币在生产企业、分销企业、零售企业间流动,以保证各企业正常运转。该流程的方向是由消费者到零售企业、分销企业、物流企业、生产企业等。

3. 供应链的主要活动

根据供应链的概念可知,它涵盖从原材料的供应商开始,经过工厂开发、加工、生产至批发、零售等,最后到达用户的全过程中有关最终产品或服务的形成和交付的每一项业务活动。因此,供应链的内容也涵盖了生产理论、物流理论和营销理论这三大理论。供应链的主要活动包括:

(1)商品的开发和制造。

①商品的规划、设计、商品化。

②需求预测和生产计划。

③商品生产和质量管理。

（2）商品的配送。

①确保销售途径（即销售渠道）的稳定性和有效性。

②按时配送，以准时（just in time，JIT）制生产方式进行配送管理和作业。

③降低物流成本，实现供应链整体成本的最低化。

（3）商品的销售和售后服务。

①销售时，以适当的营销组合策略实现最佳销售。

②及时补充商品，保证商品品种齐全并保持最低库存量。

③管理销售量和销售额，了解问题，确定活动方针。

◆ 6.1.2 供应链数据

1. 供应链环节指标

供应链环节指标主要包括：

（1）订单满足率——订单满足率＝订单中能够供应的商品总和/订单商品数量总和。

（2）订单执行率——订单执行率＝能够执行的订单数量/订单总数量。

（3）准时交货率——准时交货率＝准时交货的订单数量/可以执行的订单数量。

2. 供应链各环节中的数据指标

供应链涉及生产、配送、仓储、销售等多个环节，不同的供应链环节有不同的数据指标，其中，重点是库存环节指标。

（1）采购环节指标主要包括：

①采购广度——采购商品的品类数；

②采购宽度——采购商品的 SKU 数量；

③采购深度——采购商品的每个 SKU 的数量。

（2）仓储环节指标主要包括：

①期初、期末和平均库存。期初库存为计算日期开始时的库存，期末库存为计算日期结束时的库存，期中库存为计算时间段中间日的库存，平均库存＝（期初库存＋期末库存）/2。

②库存天数——库存天数＝期末库存金额/（某个时期销售金额/销售天数）。

③库销比——库销比＝期末库存金额/某个销售期内的销售金额。

④有效库存比——有效库存比＝有效库存金额/总库存金额。

（3）售后环节指标主要为退货率。退货率有两种计算方法：

退货率1＝某个周期内退货的商品数量/销售的商品总数量

退货率2＝某个周期内退货的订单数量/销售的订单总数量

（4）库存环节指标较多，主要包括有效库存、无效库存、死库存、假库存、安全库存数量、库存天数、库存周转率等，具体内容如表 6-1-1 所示。

表 6-1-1　库存环节指标

指标名称	指标含义	指标应用
库存分类	有效库存	有效库存即能够销售的库存
	无效库存	无效库存即不能销售的商品库存
	死库存	死库存即很长一段时间没有销售的商品库存
	假库存	假库存即由于多种原因,库存中显示存在该商品而实际仓库中并不存在该商品的库存
	高中低价位库存	高中低价库存即把库存中的商品按照价位范围进行分割管理而统计出的商品库存数量
	ABC 库存	ABC 库存即按照 ABC 分类方式把库存中的商品分类,统计出的库存数量分布
	滞畅平销库存	滞畅平销库存即按照销售情况把库存中的商品分类,统计出的库存数量分布
量化库存	安全库存数量	安全库存数量是保证正常销售的库存数量
	库存天数	库存天数＝期末库存的数量/(某个时段的销售数量/销售天数)
	库存周转率	库存周转率＝某个时期的销售数量/[(期初库存数量＋期末库存数量)/2]
库存结构分析	广度、宽度和深度	广度:采购商品的品类数。 宽度:采购商品的 SKU 数量。 深度:采购商品的每个 SKU 的数量

6.2　仓储数据分析

要想全面控制仓储情况,就需要了解仓储过程中的相关数据,并对其进行分析。本节将从库存基本概念、库存周转率、库存结构优化等方面,对电商仓储数据进行分析。

◆ 6.2.1　了解电商库存

库存就是指存储起来的具有价值的物品,是供将来使用的资源,简单来说,就是指仓库中的存货。对于生产企业来说,库存分为原材料和产品两大类。对于零售企业来说,库存就是从上游企业采购来的商品,存储在仓库中,准备出售给下游企业,此时,库存就是指一个库房中的所有货物的总和。

仓储过程中的商品不能一概而论,不同商品有不同的 SKU,即使商品有相同的 SKU,也会有不同的状态。例如,货物在流转发展过程中,难免会发生磕碰、损伤,这些被损伤的货物就不能进行正常生产、销售了。在库存管理时,可以针对货物的不同属性来加以区分。

电子商务背景下,商品的购买和交货都存在时间和空间上的差异,因此,必须对不同发货状态的货物进行库存方面的划分。为了能够适应电子商务销售管理过程,电子商务企业的库存结构有以下几个重要组成部分。

1. 可销售库存（S）

可销售库存（sellable inventory）是网站前台显示的库存，也是库存结构的最大组成部分。大部分电子商务企业前台网站会与后台仓储管理系统（warehouse management system，WMS）保持数据同步，并做出判断。当某商品可销售库存量＞0时，这一商品可供购买，购买页面会显示"商品可销售"；一旦可销售库存量＜0，购买页面则会显示"商品缺货"。通常，缺货并不意味着没有库存或库存短缺，而是指没有可供销售的库存。

大部分的购物网站只会在购买页面显示商品是否有库存，客户选好商品下单时，前台网站管理系统会首先向后台订单处理系统发出请求，检查订单商品数量与当前可销售库存数量。如果可销售库存量＞订购商品数量，则通知前台网站进行交易，在新的预购订单生成后，将客户的预购数量转换为库存预配置数据，以暂时冻结这部分库存。后续发货后，则对应减少系统中可用库存。如果可销售库存量＜订购商品数量，后台订单处理系统将通知前台网站库存不足，并提醒客户。

2. 订单占用库存（O）

生成订单时，可销售库存数量相应减少，订单占用库存（order occupied inventory）数量增多，变化的数量即订单中的商品数量。

仓库生成和传递订单以及发货在时间上是有差别的。订单占用库存能保证企业拥有已经生成订单的库存，使已下单的客户能够顺利收到货物。

对订单进行处理时，针对的只是已经被订单所占用的库存，与前台网站的销售工作无关。订单中的货物出库后，系统中扣减的也只是订单所占用的库存。

3. 锁定库存（L）

在销售过程中，商家经常会采用降价促销策略，成功的降价促销策略可以在很短时间内将商品一售而空，此时大量的可销售库存变为订单占用库存。

但在某些情况下，商家并不希望很快将库存全部售出。一方面，商家要防止市场竞争对手的恶意采购，另一方面，全部降价售出也会使商家的利润大幅减少，所以降价促销在大部分情况下只是商家的一种暂时性的策略，通过降价来带动网站的流量，从整体上提高销售额，这就需要将促销分批次进行。

为此，可采用锁定库存（locked inventory）的方式。部分库存被锁定后，无法直接销售。例如，降价促销推广前商家设置一部分库存为锁定库存；推广了一段时间后，可销售库存量为零，无法继续销售；在推广活动结束后，商家解除部分库存的锁定，锁定库存变为可销售库存，此时又可以继续销售。

4. 虚库存（V）

电子商务的最大发展优势是具有无限的商品展示和销售能力。虚库存（virtual inventory）可以将电商企业有限的库存能力与无限的销售能力联系起来。

例如，有一些企业，虽然库房中并没有商品，或者存储量很少，但是由于供应渠道很好，商品可以在短时间送达仓库，变为库存；另外还有一些企业，相关商品的销售量少，库存管理工作难度大，只在产生意向订单后，才向供应商进行采购。这部分不在实际库存中，但可以快速采购成为库存的货物称为虚库存。

虚库存的存在，是为了使前台网站的可销售库存量大于实际可销售库存量。

5. 调拨占用库存（T）

很多B2C企业有着超过一个以上的库房。建立多个库房，主要是因为商品量太大，当商品量达到一定规模时，商品不能存储在一个库房里。此外，为了满足当地客户的需求，库房往往设在客户聚集的地方附近。

各个库房之间，必须进行调度和库存分配。产生调拨计划后，调出地库房的某一部分库存就会被占用，这部分库存被称为调拨占用库存（out-transit inventory）。调拨占用库存和订单占用库存的性质相似。

6. 调拨中库存（A）

库存的调拨，必然需要一段时间完成。在这段时间内，一部分库存既不存在于调拨出库房，也不存在于调拨入库房，这一部分库存就像飘在空中一样，被称为调拨中库存（in-transit inventory）。

7. 不可销售库存（U）

部分商品在库存管理过程中会出现一些损伤而不能出售，例如包装破损、产生故障等，存在这样问题的库存都属于不可销售库存，对于不可销售库存，要在库存时标记清楚其状态。

◆ **6.2.2 库存周转分析**

1. 库存周转率和存货周转天数

（1）库存周转率，亦称存货周转率，反映的是一家企业一年中从购入存货到库存生产加工再到销售实现的整个过程（见图6-2-1）中库存货物周转的平均次数。其计算公式为

$$库存周转率 = 销售成本 / 存货平均余额$$

（2）存货周转天数则是反映一家企业从购入存货到库存生产加工再到销售实现的整个过程所需要的平均天数。库存周转率与存货周转天数是可以互相转换的，转换公式为

$$存货周转天数 = 360 / 库存周转率$$

图 6-2-1 存货周转过程

2. 案例说明

存货周转率趋势或存货周转天数所指向的都是存货周转的快慢，在此举例说明。

以快消品行业为例。快消品行业由于产品不能长久保存，有一定的保质期，因此，对这

一行业中的企业而言,其存货周转率就要高一些,且存货周转率越高,企业的效率就越高。

图 6-2-2 所示为伊利股份年化存货周转率,目前平均大约为 9,即平均存货周转天数为 40 天左右,刚好符合一般快消品的保质期要求。当然,快消品不同,保质期亦不相同。

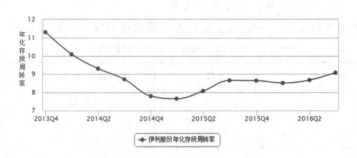

图 6-2-2　伊利股份年化存货周转率

图 6-2-3 所示为不同企业的存货周转率比较。

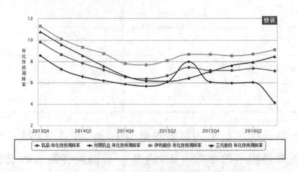

图 6-2-3　不同企业的存货周转率比较

从图 6-2-3 可以看出,伊利股份的存货周转率远胜于其他同行。当然,对于伊利股份的内部货品,存货周期率存在不同要求,比如,奶粉的存货周转率肯定要低于鲜奶与酸奶的存货周转率。

◆ 6.2.3　计算安全库存量,优化库存结构

安全库存量的大小,主要由顾客服务水平(或订货满足率)来决定。所谓顾客服务水平,就是指对顾客需求情况的满足程度,计算公式表示如下:

$$顾客服务水平 = 1 - 年缺货次数/年订货次数$$

顾客服务水平(或订货满足率)较高,说明缺货发生的情况较少,缺货成本就较低,但因增加了安全库存量,又会导致库存的持有成本上升;顾客服务水平较低,说明缺货发生的情况较多,缺货成本较高,安全库存量水平较低,库存持有成本较低。因此,必须综合考虑顾客服务水平、缺货成本和库存持有成本三者之间的关系,最后确定一个合理的安全库存量。

对于安全库存量的计算,可借助数理统计方面的知识,对顾客需求量的变化和提前期的变化做一些基本的假设,从而在顾客需求发生变化、提前期发生变化以及两者同时发生变化的情况下,分别求出各自的安全库存量。

1. 需求发生变化、提前期为固定常数的情形

先假设需求的变化情况符合正态分布,由于提前期是固定的数值,因而可以直接求出提前期的需求分布的均值和标准差,或者可以通过直接期望预测,以过去提前期内的需求情况

为依据,确定需求的期望均值和标准差。这种方法的优点是容易理解。

提前期内的需求状况的均值和标准差一旦被确定,利用下面的公式可获得安全库存量:

安全库存量=一定顾客服务水平需求化的安全系数×SQRT(提前期长短)
×提前期内需求的标准差

式中:SQRT()是平方根函数。一定顾客服务水平需求化的安全系数如表 6-2-1 所示。

表 6-2-1 一定顾客服务水平需求化的安全系数

顾客服务水平/(%)	安全系数	顾客服务水平/(%)	安全系数
100.00	3.09	99.99	3.08
99.87	3.00	99.20	2.40
99.00	2.33	97.70	2.00
98.00	2.05	97.00	1.88
96.00	1.75	95.00	1.65
90.00	1.80	85.00	1.04
84.00	1.00	80.00	0.84
75.00	0.68		

例如,某生鲜电商平台的牛奶平均日需求量为 10 吨,并且牛奶需求情况服从标准差是 2 的正态分布,如果提前期是固定的常数 6 天,满足 95% 的顾客需求的安全库存量是多少?

需求标准差=2,提前期=6,顾客服务水平=95%,则安全系数=1.65,则安全库存量数值=1.65×SQRT(6)×2=8.08,即在满足 95% 的顾客需求的情况下,安全库存量是 8.08 吨。

2. 提前期发生变化、需求为固定常数的情形

如果提前期内的顾客需求情况是确定的常数,而提前期的长短是随机变化的,在这种情况下安全库存量的计算公式为

安全库存量=一定顾客服务水平需求化的安全系数×提前期的标准差
×提前期内的日需求量

在上例中,如该生鲜电商平台牛奶的日需求量为固定的常数 10 吨,提前期是随机变化的,而且符合均值为 6、标准差为 1.5 的正态分布,则满足 95% 的顾客需求的安全库存量是多少?

提前期的标准差=1.5,提前期内的日需求量=10,顾客服务水平=95%,则安全系数=1.65,则安全库存量数值=1.65×10×1.5=24.75,即在满足 95% 的顾客需求的情况下,安全库存量是 24.75 吨。

3. 需求情况和提前期都随机变化的情形

在多数情况下,提前期和需求都是随机变化的,此时,就需要假设顾客的需求和提前期是相互独立的,则安全库存的计算公式为

安全库存量＝一定顾客服务水平需求化的安全系数×SQRT(提前期内需求的标准差
×提前期内需求的标准差×平均提前期水平＋提前期的标准差
×提前期的标准差×提前期内的平均日需求量
×提前期内的平均日需求量)

例如,上述生鲜电商平台牛奶日需求量和提前期是相互独立的,而且它们的变化均严格满足正态分布,日需求量满足均值为10、标准差为2的正态分布,提前期满足均值为6、标准差为1.5的正态分布,满足95％的顾客需求的安全库存量是多少?

提前期内需求的标准差＝2,提前期的标准差＝1.5,提前期内的日均需求量＝10,平均提前期水平＝6,且顾客服务水平＝95％,对应的安全系数＝1.65,则安全库存量数值＝1.65×SQRT(2×2×6＋1.5×1.5×10×10)＝26.04,即在满足95％的顾客需求的情况下,安全库存量是26.04吨。

在不同的情形下,企业计算出安全库存量,并根据计算出的安全库存量对企业库存进行调整,不仅能保障企业的正常销售,而且能避免货物积压带来的损失。

6.3 物流数据分析

要做好物流信息化管理,最重要的一点是需求必须明确。在明确需求的过程中,数据又起关键性作用。在供应链的网链结构中,物流数据是重要的组成部分。

6.3.1 物流数据分析

一个项目在规划时,重点数据包括收货量、发货量、库存量、拆零量、SKU等。以下将从物流的几个环节出发,介绍物流数据的内容和分析方法。

1. 物流数据

1)收货相关数据

与收货相关的数据:到货量(单位)、订单数、车辆的装载量、收货区域、收货作业时间、每天收货的SKU数等。

例如,表6-3-1是某家电企业的收货统计表,该表对M091系列产品的收货信息进行了详细记录。

表6-3-1 某家电企业的收货统计表

SKU	到货量/件	订单数/件	每车装载量/件	收货区域	收货作业时间
M091智能彩电-50英寸 (屏幕尺寸约为110厘米×63厘米)	2 000	1 890	100	仓库A区	2020年9月1日
M091智能彩电-55英寸 (屏幕尺寸约为121厘米×68厘米)	1 000	957	100	仓库A区	2020年9月1日
M091智能彩电-60英寸 (屏幕尺寸约为132厘米×74厘米)	1 200	1 109	100	仓库A区	2020年9月1日
M091智能彩电-65英寸 (屏幕尺寸约为144厘米×81厘米)	1 900	1 856	100	仓库A区	2020年9月1日

对收货数据进行统计,方便企业对仓库货物进行盘点,也有利于库存管理。收货一般是比较简单的,但也有比较复杂的情形,比如每天收货量大的企业,因为每天到货的品种很多,还有大量混包的情形,因此收货要进行专门的处理。

2)存储相关数据

库存能力设计对整个仓储系统来说是很关键的一步,而确定库存能力又是非常具有技巧性的。除了库存总量 W,还要考虑 SKU 数,以及各种存储方式下的存储要求。普遍情况下,仓储情况并不单一,所以设计仓储方案的时候要考虑清楚库存的方式,以及有哪些要求。

大部分时候,存储方式分为两种——以托盘为单位存储(立体库和平面库)和以箱为单位存储。在设计中,要充分考虑这两种方式的特点,有时也会出现两种方式同时采用的情况。

库存能力的计算与箱规及平均库存天数也有关系。SKU 对库存资源分配有很大的制约作用,尤其影响作业面设计。当然,发货量对于库存设计也有不小的影响,比如拆零量。

库存 ABC 分析对于仓库设计而言也是一个比较重要的因素。一般情况下,库存 ABC 分析决定了存储形式,它的定义随着业务的不同而不同。在实操中,往往要对应整个托盘,并将比例分配好,才能引导正确决策。

随着电子商务的迅猛崛起,SKU 会不断壮大,会更加依赖库存 ABC 分析。同时,箱式存储方式会越来越受到关注,它的比重也会越来越高,从而影响库存分析。

关于存储能力的计算,人们对于库存总是存在一些疑问。托盘或者货箱并不能做到 100% 的利用率,为了使作业顺利,货位不可能全部饱和,所以总是要留出少许空地。这种情况也应该在考虑范围内。

3)拣选相关数据

对设计产生重要作用的除了以上所说的收货与存储相关数据,拣选的订单数、订单行数、发货量等也是比较重要的数据。

拣选环节能对设计产生影响的主要有拣选、包装和输送问题。这里涉及三个参数,即整盘出库量、整件出库量和拆零出库量。这对于设计非常重要。

当然,一些基础信息也是要清楚的,比如拣选效率、播种效率以及包装效率。有些数据可以通过项目经验获取,有些应该进行实际测量,不过测量结果与作业流程、工位设计及测量方法有很大的关系,难以获得一个准确的结果。

不同的拣选方法对应的效率有很大的不同,一定要注意加以正确选择。拣选采用什么技术手段,对最后的设计结果有很大的影响。所以,在数据分析过程中,一定要考虑全面。

4)发货相关数据

发货数据包括发货车次、车辆形式、发货时间、发货路线、发货数量、发货目的地等信息。

随着信息技术的发展,很多企业在发货时也使用了发货信息系统,使用这一系统能够方便快捷地管理和统计发货信息,安排发货事宜。

5)退货相关数据

在网络销售中,退货是一种常见的现象,但是对于商家来说,退货需进行分析的数据量远大于发货的数据量,不仅包括基本的商品信息、销售信息,还包括商品的退货原因信息、退货订单信息。

有些退货是可以进行二次销售的,可以转入可销售库存;有些退货存在破损和故障,那么就要计入不可销售库存。

2. 物流数据分析方法

1) 发货信息分析

发货信息分析是指企业整理发货相关数据,并对整理后的数据进行统计分析。

例如,某家电类电商企业 A,在全国拥有 4 个不同的发货仓,为了了解每个仓库的发货能力,该企业的工作人员整理了 M081 洗衣机(白色 10 L)某时间段内的发货信息,如表 6-3-2 所示。

表 6-3-2　某家电类电商企业 M081 洗衣机(白色 10 L)发货信息

SKU	发货仓	发货时间	发货量/台
M081 洗衣机（白色 10 L）	上海仓	2020 年 6 月	6 455 231
		2020 年 7 月	6 555 512
		2020 年 8 月	6 574 810
		2020 年 9 月	5 638 520
M081 洗衣机（白色 10 L）	西安仓	2020 年 6 月	6 451 200
		2020 年 7 月	7 512 000
		2020 年 8 月	5 478 120
		2020 年 9 月	2 485 471
M081 洗衣机（白色 10 L）	大连仓	2020 年 6 月	5 452 100
		2020 年 7 月	4 565 962
		2020 年 8 月	5 412 000
		2020 年 9 月	8 542 300
M081 洗衣机（白色 10 L）	贵阳仓	2020 年 6 月	2 451 000
		2020 年 7 月	8 547 551
		2020 年 8 月	6 325 120
		2020 年 9 月	5 212 000

要想更加直观地了解该款商品的发货信息,还可以把表转化成数据图。

点击"插入"—"图表",如图 6-3-1 所示。

将数据表格变成数据图后,通过数据图,可以更加直观地了解每个仓库的发货信息,如图 6-3-2 所示。

了解了某商品的发货信息后,如果要了解每个仓库的仓储容量和发货目的地等,还需要统计出每个仓库的相关数据信息。假设企业 A 仓库相关数据信息如表 6-3-3 所示。

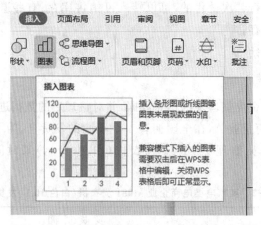

图 6-3-1　对数据表格进行"插入"—"图表"操作

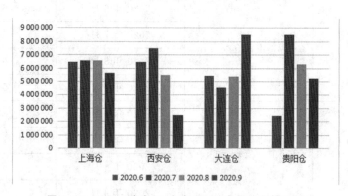

图 6-3-2　M081 洗衣机（白色 10 L）发货信息柱形图

表 6-3-3　企业 A 仓库信息

发货仓	仓储容量/台	日均发货量/台	日均收货量/台
上海仓	20 000	15 240	14 021
西安仓	30 000	21 040	20 570
大连仓	50 000	38 921	34 204
贵阳仓	10 000	6 530	6 710

将表 6-3-3 转化为柱形图可以更加直观地了解每个仓库的相关情况，如图 6-3-3 所示。

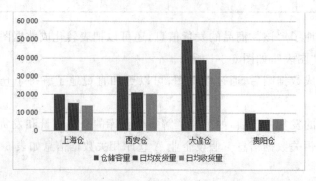

图 6-3-3　各仓库仓储容量及日均发货、收货量柱形图

2) 客单件分析

客单件,就是一个客户一次购买的件数。客单件是基于产品与消费者的指标,分析客单件的目的是让消费者购买更多产品。

客单件指标更能衡量销售人员的搭配销售能力,企业通过统计客单件数据,能了解不同产品的销售情况。例如,企业 A 统计出了 2020 年上半年的销售量与客单件数据,如表 6-3-4 所示。

表 6-3-4 企业的销售量与客单件数据

时 间	销售量/件	客 单 件
2020 年 1 月	23 162 569	3.24
2020 年 2 月	63 512 105	4.35
2020 年 3 月	25 411 630	3.54
2020 年 4 月	35 642 163	4.02
2020 年 5 月	65 555 531	3.98
2020 年 6 月	68 751 522	4.68

使用"图表"功能,把表格中的数据转换为组合图,可以清晰看出,客单件与销售量基本成正比,客单件越高,企业的总销售量越高,如图 6-3-4 所示。

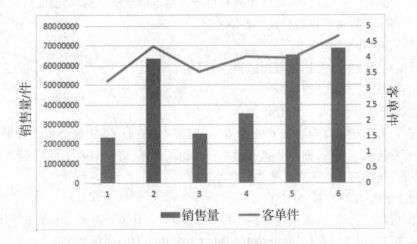

图 6-3-4 销售量与客单件组合图

企业提高客单件数据,可以通过搭配销售策略来增加客户单次购买的商品件数。例如,手机产品可以搭配销售耳机、手机膜等产品,客服在服务时,也可以给客户推荐与客户加购的产品有关联的产品。

◆ 6.3.2 发货方式分析

1. 常见的发货方式

(1)客户自提:为方便顾客收货,电商或快递企业为顾客提供的一种固定地点的提货模式,顾客在提交订单时选择"上门自提",就可以选择离自己较近的提货地点,订单商品到达自提点后,系统以短信或电话的形式通知顾客自己去取货。

采用客户自提方式的优点有：

①减少配送成本。电商企业不需要再通过快递员将商品配送给客户。

②及时高效。客户自提使客户收到商品前不用再等待货物分配或快递员配送，减少了收货等待的时间。

采用客户自提方式的缺点有：

①客户自提方式受自提点数量和位置的限制；如果自提点数量较多，客户可以选择离自己较近的自提点；如果自提点较少，且位置偏远，那就不能很好地发挥自提方式的优势。

②客户自提方式容易给自提点造成存储压力。

（2）第三方物流配送：企业的资金和资源有限，没有资金和精力自建物流，这种情况下，企业使用第三方物流可以降低生产企业运作成本，使企业有更多的资金和资源去集中精力把企业的核心业务做好。采用这种方式时，企业与物流公司合作，通过物流快递的方式把商品送达客户手中。

当前，市场上常见的物流公司有邮政、申通、圆通、韵达等，这些物流公司有自己专业的配送体系，能快速帮企业实现商品的运输和配送。

采用第三方物流配送的优点有：

①减少企业运营成本。与第三方物流公司合作可以使企业减少固定资产投资，节约人力、物力。

②提高配送效率。第三方物流公司拥有更专业的运输系统，能提高商品运输的效率。

但是，采用第三方物流也会存在一些缺点：

①不能够直接控制物流；

②有时不能够及时高效地把货物送到客户手中；

③不能够保证物流服务质量；

④不能够与客户建立长久的合作关系。

（3）自营物流配送。自营物流是指企业自身经营物流业务，建设全资或控股物流子公司，完成企业物流配送业务，即企业自己建立一套物流体系。例如，京东商超、苏宁、大润发、国美、亚马逊等企业都建立了自己的物流体系。

自营物流的优点：

①企业可以更好地控制供应链的各个环节，使生产和其他业务环节结合得更加紧密，使企业的经营管理得以更好保证，企业的利润可以得到长期有效的增长。

②使管理流程得到合理且有效的规划，物流作业效率得到大大的提高，并且流通费用也会随之减小。

③与客户保持紧密关系，有利于维持客户忠诚度，树立企业形象。

④将企业的原材料和零配件采购、配送以及生产结合成一个整体进行战略一体化管理。

⑤使企业具有快速的反应能力和很强的灵活变通能力。

自营物流的缺点：

①一次性的投入较大，占用资金较多，成本较高。

②规模有限，物流配送的专业化程度非常低，成本较高。

③企业较低的配送效率导致管理很难有效进行，比较难对效益做出评估。

2. 不同发货方式时效性分析

A作为一家大型的家电类电商企业,在发货方式上同时采用客户自提、第三方物流配送、自营物流配送这3种模式,为了优化发货方式,提高企业物流效率,该企业对不同发货方式的时效性进行了统计分析。

1) 客户自提时效性

不同城市客户自提发货信息如表6-3-5所示。

表6-3-5 不同城市客户自提发货信息

城市(部分)	揽收包裹数	平均发货—揽收时长/小时	平均揽收—签收时长/小时	签收成功率
上海	65 235	1.23	20.54	100%
成都	65 451	1.03	26.10	100%
大连	35 448	1.20	15.20	100%
长沙	57 124	1.21	19.50	100%
合肥	21 747	0.96	21.20	100%
济南	23 157	1.24	23.32	100%
青岛	52 471	1.00	25.11	100%
兰州	21 513	1.25	21.43	100%
西安	34 571	0.95	24.12	100%
郑州	45 597	1.23	20.21	100%
天津	45 721	1.47	23.20	100%

2) 第三方物流配送时效性

不同城市第三方物流配送发货信息如表6-3-6所示。

表6-3-6 不同城市第三方物流配送发货信息

城市(部分)	揽收包裹数	平均发货—揽收时长/小时	平均揽收—签收时长/小时	签收成功率
上海	982 222	5.23	45.54	98.3%
成都	341 542	6.21	46.56	99.5%
大连	354 878	3.25	45.35	97.2%
长沙	658 745	5.21	39.56	100%
合肥	658 721	6.32	48.45	98.2%
济南	248 745	5.62	43.56	100%

续表

城市(部分)	揽收包裹数	平均发货—揽收时长/小时	平均揽收—签收时长/小时	签收成功率
青岛	687 542	4.25	45.23	100%
兰州	985 224	5.26	41.27	100%
西安	658 745	5.25	44.56	99.7%
郑州	587 452	3.23	40.58	100%
天津	985 622	2.47	43.69	100%

3)自营物流配送时效性

不同城市自营物流配送发货信息如表 6-3-7 所示。

表 6-3-7　不同城市自营物流配送发货信息

城市(部分)	揽收包裹数	平均发货—揽收时长/小时	平均揽收—签收时长/小时	签收成功率
上海	952 120	1.00	36.54	100%
成都	998 562	0.96	36.10	100%
大连	985 620	1.10	35.20	100%
长沙	785 412	1.01	39.50	100%
合肥	874 510	0.96	31.20	100%
济南	874 512	1.04	33.32	100%
青岛	875 120	1.01	35.11	100%
兰州	851 200	1.12	31.43	100%
西安	955 721	0.95	34.12	100%
郑州	985 621	1.11	30.21	100%
天津	541 212	1.21	33.20	100%

把三种发货方式进行综合比较,通过柱形图比较各个城市发货方式的时效性,如图 6-3-5 所示。

从柱形图可以看出,客户自提方式下平均揽收—签收时长最短,说明这种发货方式最好,自营物流配送次之,第三方物流配送最差。

6.3.3　提高物流效率

当前,数据给各行各业带来了深刻变革,企业物流也不例外。在大数据背景下,企业对物流数据进行分析,可以不断提高物流效率。

仍以上文企业 A 为例,A 已经统计整理了企业的仓储信息、发货信息,且 A 要提高物流效率,使企业的供应链能更好地支持企业的销售和生产活动,就需要对这些数据信息进行分析。

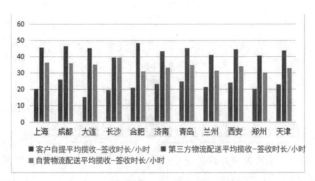

图 6-3-5　不同发货方式时效性柱形图

根据表 6-3-5 至表 6-3-7,企业 A 整理并针对所有城市计算出每种发货方式的平均揽货能力(揽货量),如表 6-3-8 所示。

表 6-3-8　不同发货方式的平均揽货量

发货方式	平均揽货量/件
客户自提	35 968
第三方物流配送	82 100
自营物流配送	97 520

通过制作饼图查看不同发货方式的平均揽货量占比,如图 6-3-6 所示。

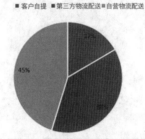

图 6-3-6　平均揽货量饼图

根据表 6-3-5 至表 6-3-7,企业 A 整理并针对所有城市计算出不同发货方式的平均时效性,平均揽收—签收时长如表 6-3-9 所示。

表 6-3-9　不同发货方式的平均时效性表

发货方式	平均揽收—签收时长/小时
客户自提	21.34
第三方物流配送	41.23
自营物流配送	34.56

通过制作柱形图查看不同发货方式的平均时效性对比,如图 6-3-7 所示。

由图 6-3-7 看出,客户自提方式时效性最好,自营物流配送次之,第三方物流配送时效性最差。

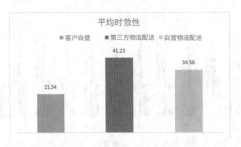

图 6-3-7　不同发货方式的平均揽收—签收时长（单位：小时）柱形图

通过以上数据分析，企业 A 想要优化物流，就要提高第三方物流配送的时效，可以采取如下措施：

(1) 选择配送速度较快的第三方物流配送公司；
(2) 不断优化客户自提模式，增加企业商品自提点设置；
(3) 优化自营物流配送系统，提升其揽货能力。

 实训大作业

1. 实训背景

库存天数预测主要依赖历史销售数据分析，历史销售数据代表过去的销售规律，通过该规律可以监控库存还能够支撑多长时间的商品销售。

2. 实训目标

(1) 掌握分析销售规律的思路。
(2) 掌握预测库存天数的方法。

3. 实训要求

参考本项目内容，利用 Excel 制作一个库存数据表格，然后分析库存数据体现的问题，解析数据内在的逻辑关系，并提出对策，然后将分析结果整理成一份报告。

 项目小结

本项目介绍了供应链的概念、供应链数据指标、库存周转分析、物流数据分析，以及物品的发货方式和提高物流效率的方法。通过本项目的学习，读者可系统了解供应链数据网链结构的内容，进而对电商数据分析具有更加深刻的了解。

复习与思考

1. 供应链的四个流程是什么？
2. 安全库存的计算公式是什么？

项目 7

用户至上：
用户数据化管理

项目概要

本项目主要介绍用户数据相关的内容，帮助读者进一步了解用户数据的概念与用户数据的价值，并细化分析用户的属性、用户行为以及用户画像，同时结合实际应用场景示例来进一步介绍用户数据应用场景以及如何帮助优化电商购物流程，提高转化率。

学习目标

1. 认识什么是用户数据。
2. 了解用户数据的基本属性。
3. 掌握用户价值的分析方法。
4. 用户行为分析的基本方法。
5. 理解用户画像的概念。
6. 能根据所给的基本信息绘制用户画像。

7.1 用户信息分析

为了了解用户行为,需要对用户的信息进行收集、分析与整理,用户信息一般是将通过用户行为所产生的数据整合在一起,最后形成便于企业利用的用户数据。

◆ 7.1.1 用户数据的内容

1. 用户数据的概念

通常情况下,用户数据是指用于标注用户基本属性的相关数据,包括用户的名称、性别、地址等。通常情况下,电商平台会有相关数据表对用户数据进行统一持久化管理和维护。通用的电商平台的用户量级一般为百万或者千万级,如果该平台运营发展良好的话,后期用户数量还会不断增长,针对这一情况,一般会使用可以增长的数据库,即关系型数据库,来提高数据搜索和计算效率。

如图7-1-1所示,基本的用户数据包括姓名、个人联系方式、注册的用户名及日期等,但根据网站的不同用户群体和不同运营范围,所需要的相关数据信息类型也有所不同。如一个销售家具的网站,除了需要收集基础的用户信息之外,还需要进一步收集和其业务相关的用户信息,如家庭居住人数信息,是否有小孩或者老人一起居住等,这些信息都会对该网站的数据统计分析有重要的参考价值。

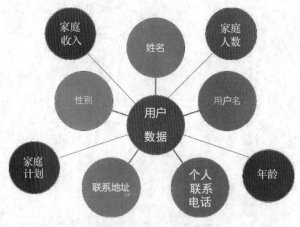

图 7-1-1 用户数据

因此,不是所有的用户数据都有规定的内容和属性,除了一些基础的属性内容外,还能根据平台的实际业务范围来进一步对用户信息进行扩充。同时,很多站点在新用户进行注册时一般不会要求用户填写太多信息,甚至可以使用第三方平台账号进行登录,这么做的好处就是最大限度地减小了用户进行注册的复杂度,增大了用户数量扩张的便捷度。但是通常情况下,会要求用户后续进行进一步的用户数据补充完善,并通过给予用户积分、优惠券、新手礼包等手段来提高用户注册及数据补充完善的积极性。

2. 用户生命周期

在运营时,电商企业管理者需要做到了解用户像了解企业自己一样,知道用户在哪里,兴趣爱好是什么,为什么会对本企业的产品感兴趣,什么年龄层或者什么时间段会更容易购买本企业的产品,只有了解了这些维度,才能更好地去维系用户。这就要引入用户生命周期(customer lifetime,CL)的概念。

用户生命周期简单来说就如同人类生命周期一样。潜在的用户就像是新生的婴儿一般,懵懵懂懂,对产品一无所知;通过逐步了解而接受产品,就像从儿童成长为少年一样;进而如青年充满热情一般,对产品充满了激情,成为活跃用户;逐渐形成依赖习惯后,就会变得忠诚,如同中年一样稳定;随着时光的流逝,对产品的热情也逐渐消退,如同耄耋老人;最后,对产品的热情完全消失,也就是"死亡",如图7-1-2所示,可以将人类生命周期映射到电商运营的用户生命周期上,来帮助理解相关概念。

图 7-1-2 人类生命周期与用户生命周期的映射

因此,用户生命周期就是指用户从开始接触产品到放弃产品的整个过程。

虽然实际的用户生命周期有很多不同阶段,但对电商运营状况进行数据统计时,可以将相关用户生命周期概括为五个主要阶段,借由不同阶段来呈现不同的用户价值,以便提高分析统计效率,如图7-1-3所示。

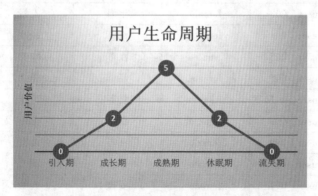

图 7-1-3 用户生命周期的五个阶段及对应的用户价值

(1)引入期:产品刚被用户所接受,获取用户的阶段,也是将潜在用户转化为自家用户的阶段,这个时期的用户价值尚不明显。

(2)成长期:用户在产品网站注册、登录并激活,开始体验产品的相关服务及功能,且用户需求能被满足的阶段,此时的用户价值有所提升。

(3)成熟期:用户深入使用产品的功能,并已形成一种习惯,一定时间内活跃度高、贡献较多的阶段,用户价值在这个阶段达到顶峰。

(4)休眠期:一段时间后用户对产品的兴趣消退的阶段,成熟用户的价值逐步减小甚至变得没有用户价值。

(5)流失期:用户超过一定时间界限未登录和访问的阶段,此时用户价值重归为0。

了解用户生命周期的意义就在于确定目前处于哪个阶段,可以直观地看到该阶段用户的价值并针对该阶段的用户采取不同的营销策略。例如,针对引入期的用户,该阶段用户对某个商品尚未养成使用习惯,则需要采取策略吸引并推动该阶段用户养成习惯,然后达到成熟期,产生更高的用户价值。因此,企业在进行业务分析和决策制订的过程中,更需要重视用户生命周期,以帮助企业实现利益最大化。

◆ 7.1.2 用户基本信息分析

前文在介绍用户数据的时候,已经介绍了一些用户的具体数据属性字段,如性别、地址等。这类基本信息是在用户信息管理中非常常见的一些属性。这些属性可以帮助站点进一步了解自己面向的用户群体是一群什么样的人,以及针对这么一个群体,电商平台该如何进行运营策略的调整和优化。

这里仍以"木樨生活"网店为例,假设我们得到了所有访问"木樨生活"网店平台的用户信息,如表 7-1-1 所示,平台收集了 20 位用户的基本信息,我们可以使用这些信息进行相关内容的分析。但需要注意的是,这里的内容只是示例,用于介绍如何使用相关信息进行分析,在实际工作场景下,这些数据的量级远远不足以进行全面的分析,因为这些信息可能是一个用户注册多个账号时刻意填写的一些不正确的信息。

表 7-1-1 "木樨生活"网店平台用户信息

姓　　名	用户 ID	性　　别	省份或直辖市	市	区(市)
用户 1	user__001	female	江苏	扬州	江都
用户 2	user__002	female	上海	上海	徐汇
用户 3	user__003	female	上海	上海	宝山
用户 4	user__004	female	江苏	扬州	高邮
用户 5	user__005	male	江苏	淮安	淮阴
用户 6	user__006	female	江苏	镇江	丹徒
用户 7	user__007	female	江苏	苏州	昆山
用户 8	user__008	female	江苏	苏州	昆山
用户 9	user__009	female	江苏	淮安	淮阴
用户 10	user__010	female	浙江	湖州	吴兴
用户 11	user__011	female	安徽	宣城	宣州
用户 12	user__012	female	上海	上海	黄浦
用户 13	user__013	female	浙江	宁波	余姚
用户 14	user__014	female	上海	上海	嘉定
用户 15	user__015	female	浙江	金华	兰溪
用户 16	user__016	male	安徽	蚌埠	淮上
用户 17	user__017	female	江苏	镇江	扬中
用户 18	user__018	female	江苏	淮安	淮阴
用户 19	user__019	female	江苏	镇江	扬中
用户 20	user__020	female	江苏	淮安	淮阴

首先，我们来针对性别进行分析，这里可以通过 Excel 中的工具对数据进行排序。选中"性别"列点击"排序和筛选"，在弹出框中选择"从'A'到'Z'排序"，再选择扩展至所有列，最后点击"排序"按键。这里我们就会发现，所有的数据都按照性别属性进行了排序，结果如图 7-1-4 所示。

1	用户1	user_001	female	江苏	扬州	江都
2	用户2	user_002	female	上海	上海	徐汇
3	用户3	user_003	female	上海	上海	宝山
4	用户4	user_004	female	江苏	扬州	高邮
5	用户6	user_006	female	江苏	镇江	丹徒
6	用户7	user_007	female	江苏	苏州	昆山
7	用户8	user_008	female	江苏	苏州	昆山
8	用户9	user_009	female	江苏	淮安	淮阴
9	用户10	user_010	female	浙江	湖州	吴兴
10	用户11	user_011	female	安徽	宣城	宣州
11	用户12	user_012	female	上海	上海	黄浦
12	用户13	user_013	female	浙江	宁波	余姚
13	用户14	user_014	female	上海	上海	嘉定
14	用户15	user_015	female	浙江	金华	兰溪
15	用户17	user_017	female	江苏	镇江	扬中
16	用户18	user_018	female	江苏	淮安	淮阴
17	用户19	user_019	female	江苏	镇江	扬中
18	用户20	user_020	female	江苏	淮安	淮阴
19	用户5	user_005	male	江苏	淮安	淮阴
20	用户16	user_016	male	安徽	蚌埠	淮上

图 7-1-4 根据性别排序结果

结合数据行序号不难发现，所有数据中女性有 18 位，男性有 2 位，通过相关数据的简单分析，我们可以绘制一张饼图来呈现相关用户群体占比，如图 7-1-5 所示，可以看出，女性用户的占比明显高于男性用户的占比，也表明该平台的用户大部分是女性，那么平台管理者在进行广告营销和内容推送的时候就应更多地考虑从女性视角去合理优化内容和相关策略。

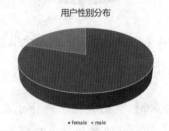

图 7-1-5 不同性别用户群体的占比饼图

其次，除了根据性别进行分类分析外，还可以根据不同的用户所属区域进行划分。当然，在数据量较小的情况下，我们可以直接通过序号进行简单计算，来得到每个区域有多少用户。但在真实应用场景下，我们可能有数以百计、万计的数据需要统计分析，此时这种计数方式就会显得十分麻烦也容易出错。接下来我们将介绍一种更简便、更实用的方法。

在 Excel 中有很多函数公式可以帮助我们实现各种计算需求，这里就介绍 Excel 中的函数公式用于自动计算各个地区用户的人数。首先，我们可以在 Excel 中新建几列，将各个省份或直辖市的信息输入进来，这里只涉及"上海""江苏""浙江""安徽"，所以只需要将这四项内容放置到 Excel 中，即新建四列。然后，在每一列标题下分别输入公式，以"上海"为例，可以在标题下输入公式"＝COUNTIF(D:D,'上海')"，其中 D 为"省份或直辖市"数据列在Excel 界面中的位置标志，"上海"为匹配条件，这样就能计算出来自上海市的用户数据条数了。针对其他数据，可以用类似的公式来进行计算，只需要将匹配的关键字改成需要计算的内容即可。最后,就可以得到各个省份或直辖市的注册用户数了,如图7-1-6所示。

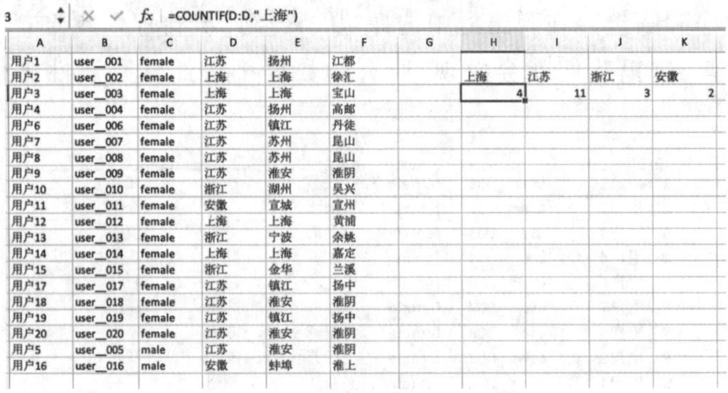

图 7-1-6　各省市注册用户数统计

接下来,就可以使用这些用户的地区分类进行饼图的绘制了,如图7-1-7所示,我们可以发现,目前该网店平台的访问用户中,江苏省的用户为主要用户,那么,对于电商平台和市场部门而言,有了基础数据,就可以进行进一步决策,可以结合最后的转化率和销售数据来决定是否加大对江苏省市场的挖掘,以及是否通过区域广告投放和送券等方式来扩展其他区域的用户市场。

图 7-1-7　不同地区用户群体的占比饼图

课外拓展

在针对用户基本信息进行分析时,我们介绍了两种方式对数据进行预处理从而计算出各个区域的用户数:第一种是通过Excel的排序相关功能进行处理;第二种是通过Excel中的函数公式来对相关数据进行计算。但是,用户量级超过百万之后,这些方法都非常耗时耗力。这种情况下,我们一般会使用数据库来进行相关的统计计算,同时,为了提高数据库计算效率,一般会为需要进行统计分析的字段添加索引来提高其计算效率。作为课外拓展,可以了解一下当前市场上比较主流的用户数据分析方法以及数据处理方案。

◆ 7.1.3　终端使用分析

在进行用户数据分析时,不会只针对单一属性进行分析,更多情况下,我们会结合更多相关的数据进行统计分析。最常见的就是针对用户访问站点时使用的设备和浏览器进行分析,这将决定电商平台进行产品迭代时重点需要去兼容的平台、设备以及浏览器类型。目前主流的数据分析平台都会自动分析和记录用户在访问电商网站时所使用的设备、操作系统以及浏览器。

首先，我们来一起了解数据分析平台是如何采集这些用户信息的。当我们打开 Chrome 浏览器，以"百度"首页为例，按"F12"键，就能看到后台调试工具，如图 7-1-8 所示，在调试工具中选择控制台"Console"。

图 7-1-8　查看后台调试工具中的控制台

然后，可以在"Console"内输入代码"window. navigator. userAgent"，点击回车键，如图 7-1-9 所示，就能看到当前浏览器的用户代理信息了。可以看到，在"Console"中显示出来的内容就是当前的用户代理信息，会包含操作系统、系统版本、浏览器属性、浏览器内核等属性，通过这里的数据我们就能对用户所使用的硬件设备类型、操作系统类型、浏览器类型等具体信息进行识别了。这里显示的"Macintosh"表示现在使用的机器是 Mac 电脑平台，"OS X 10_14_6"表明了操作系统的版本，"Chrome/75.0.3770.142"则说明使用的是 Chrome 浏览器。

图 7-1-9　在"Console"内输入代码后查看用户代理信息

由此，结合用户代理信息和对应的显示标准就能识别当前用户的各类设备信息了。一般情况下，数据分析平台会在电商平台上加载自己的脚本，网页准备就绪后，就会在客户端运行相关脚本，将相关的用户代理信息传输给数据分析平台，数据分析平台再有针对性地使用正则表达式或内部处理逻辑对相关信息进行标注。用户信息的收集过程如图 7-1-10 所示。

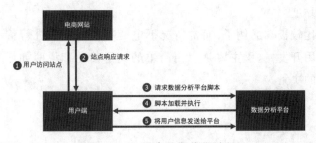

图 7-1-10　用户信息收集过程

通常情况下，首先会将访问平台进行区分，也就是进行第一层划分，即按设备进行划分，如图 7-1-11 所示，包括 PC 设备、移动平板设备及移动手机设备。

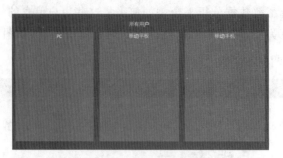

图 7-1-11　按设备进行划分

接着还能针对各种设备的操作系统进行细化划分,如图 7-1-12 所示,PC 端的操作系统有 Windows、MacOS、Linux 等,移动平板端的操作系统也有 iOS、Android、Windows 等,移动手机端的操作系统也有 Android、iOS、Windows、塞班、黑莓等。

最后,我们还能针对不同的手机品牌进行划分,可能还会有另一维度,就是不同的浏览器。针对操作系统和浏览器的不同版本,也需要进行区别。

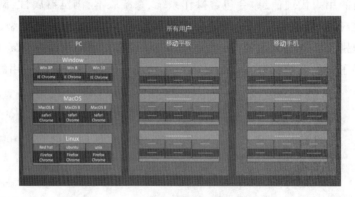

图 7-1-12　针对设备操作系统细化划分

通过这样对交叉复合条件进行分析,我们可以得出几种树状用户终端分布图,这样的分析结果可以帮助我们在平台优化和营销策略优化上提供决策支持。假设"木槿生活"网店去年销售情况良好,公司决定投资一笔资金去构建手机端移动应用,但资金有限,现在只能在 Android 和 iOS 上选择一个来进行应用开发,该如何进行决策呢?此时就可以让用户实际数据来帮助我们进行决策,通过查看原先访问站点的用户使用哪种设备的更多,这样我们可以针对该类目标用户提供更好的购物体验,直接使用手机端移动应用来优化购物体验,同时也可增加老用户的黏度。

当然这是一个比较极端的例子,通常情况下电商平台如果要进行移动应用开发会同时进行主流平台的应用开发,这里主要是想用简单的例子传达和说明如何利用我们的数据分析结果来进行更好的决策。

技能实训

这里我们介绍了如何查看浏览器的用户代理信息,请使用电脑尝试在不同的浏览器中通过控制台使用代码来查看当前浏览器信息字符串,并比较用户代理信息字符串中的相同部分和不同部分,分析相同部分和不同部分分别表示什么内容。

7.2 用户价值分析

随着网络的快速发展,电商产品的种类越来越多,电商企业运营的要求也与日俱增,从满足部分用户的部分需求,到现在要求更加全面,从分析整体的用户行为和需求,到制订各种方案以满足并提高用户的体验感受,目的都是让更多的用户使用本企业的产品,或者在企业的电商平台上更多地促进产品的购买,以提高最终的转化率。针对产品,我们需要对用户的行为进行分析,提高用户的黏性,这关系到产品的发展,甚至该网店、该行业的发展。这里我们先来了解用户数据的相关内容。

◆ 7.2.1 RF 模型分析

用户生命周期是一个十分宏观的概念,被广泛应用于很多行业,用于描述行业内用户的大体状态与情况。通常会将用户划分成不同状态,然后通过统计所有用户的分布情况来衡量该行业或者企业的情况。

一般企业或者电商平台在进行用户生命周期分析的时候,会将用户分为不同阶段,如新用户、成长阶段用户、老用户、流失阶段用户、已流失用户等。当然也有其他不同的划分方式和标准,如初级用户、成长用户、成熟用户、死亡用户等。不同的企业或者电商平台会根据其自身的业务特点来选择更合适的划分标准。

在进行用户生命周期分析的过程中,一般通过两个要素来对其进行衡量,那就是"R"(recency)和"F"(frequency),即最近一次消费和消费频率。基于这两个要素进行的分析就是接下来要讨论的 RF 模型分析。顾名思义,"R"是指离某个时间点最近的一次消费,为"近度"维度;而"F"则是指某一段时间内的消费频率,为"频度"维度。通过这两个维度,可构建一个平面,将相关的用户数据在该平面内进行标注,如图 7-2-1 所示,然后可以通过分析所有的用户分布情况来宏观地描述当前企业或者电商平台处于什么阶段。这也就是所谓的 RF 模型分析。

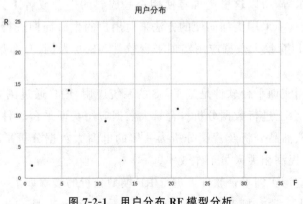

图 7-2-1 用户分布 RF 模型分析

用户在进入生命周期后的每个阶段都有可能跳转到休眠期,企业需要在这之前尽量多地接触用户,让用户多了解、多感受产品的服务,以此提高产品的复购率,如果在用户进入生命周期后不采取措施,则容易造成大量的用户流失,因此,构建 RF 模型的目的就在于利用这个用户生命周期的规律——警惕沉睡,激活复购。

那么，如何统计 RF 模型呢？在这里，我们以网店"三寸木"为例，该案例数据包括订单号、买家姓氏、订单金额、下单时间、省份及商品名称，如图 7-2-2 所示。

	A	B	D	E	F	G H I J K L M
1	订单号	买家姓氏	订单金额	下单时间		商品名称
2	960694400294158	赖	159	2019/1/27 16:09	广东	三寸木 四川阴沉木金丝楠木手串木质男女手链乌木佛珠念珠1.0/2.0
3	960722096635036	孙	198	2019/1/27 21:13	河北	三寸木 正品崖柏雀眼满瘤疤花木珠手串手链男女款佛珠念珠15/20
4	961367521011639	王	198	2019/1/27 22:39	河北	三寸木 正品崖柏雀眼满瘤疤花木珠手串手链男女款佛珠念珠15/20
5	961407209133189	焦	198	2019/1/27 23:08	山东	三寸木 正品崖柏雀眼满瘤疤花木珠手串手链男女款佛珠念珠15/20
6	961771361828563	于	286	2019/1/28 10:55	山东	三寸木 四川阴沉木金丝楠木手串木质男女手链乌木佛珠念珠1.0/2.0
7	961430179290764	许	141	2019/1/28 12:22	湖北	三寸木 四川阴沉木金丝楠木手串木质男女手链乌木佛珠念珠1.0/2.0

图 7-2-2 "三寸木"案例数据

凭购买次数我们可以对用户进行划分：购买 1～3 次的用户为初级用户；4～7 次为成长用户；8 次及以上为成长用户。

利用 Excel 中的数据透视表可以统计 2019 年不同用户在该网店的累计购买次数，绘制成线性图，如图 7-2-3 所示，可以看出大部分用户在购买一次之后已流失，只有少量的用户会成为成长用户。

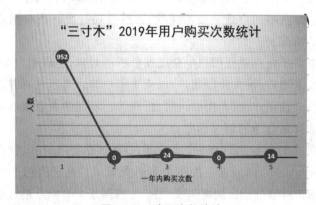

图 7-2-3 购买次数统计

还可以通过统计用户最近两次购物时间相隔多久，如设定间隔为 20 天以内的属于活跃客户，来判断用户对产品的热情是否还在。

利用 Excel 分析相对会复杂很多，需要反复地对数据进行修正，并结合相关公式对数据进行分类、计算、分组等，所以这里更推荐使用一些成熟的平台或者工具来进行相关数据的统计分析，在平台工具中采用更加简便的方法来对用户的生命周期进行分析，甚至可以一键分析 RF 模型，这里以育景大数据应用实训平台软件 V3.0 为例，介绍如何简便地生成相关 RF 模型。

育景大数据应用实训平台软件是基于 BS 的系统应用，用户通过浏览器就能轻松访问该平台软件，并在该平台上进行数据分析。育景大数据应用实训平台软件是一个集会员分析、活动分析、销售报表、商品分析及营销分析为一体的电商大数据分析平台，可以方便地生成各类业务分析报表，提高相关人员工作效率。

在育景大数据应用实训平台软件上进行 RF 模型分析的步骤如下。

（1）登录。在浏览器中打开网址 pdac.yujing.cn，输入账号密码并登录，如图 7-2-4 所示。

（2）登录后，点击"会员分析"下的"RF 分析"，如图 7-2-5 所示。

（3）单击"添加"，并按照数据类型在弹出的窗口中增添"标题"内容及"备注"内容，并单击"保存"。在这里，依然以网店"三寸木"2019 年度的所有销售记录为例，如图 7-2-6 所示。

图 7-2-4　平台软件登录界面

图 7-2-5　"会员分析"下的"RF 分析"

图 7-2-6　添加数据

（4）在"参数设置"里可以定义 RF 模型的标准，例如，在此案例中，我们定义范围为最后购买时间小于 30 天并且成功下单次数小于 3 次，如图 7-2-7 所示。

（5）导出结果，就可以清晰地看到 RF 模型的分析结论，如图 7-2-8 所示，可以看到，平台更加细化地将用户进行了划分，将预备休眠的用户以及休眠中的用户进一步细化为不同程度。通过两个维度的三种类型划分，将所有用户划分为九个区域，也将传统的五类用户生命周期阶段展开到了九类，帮助相关运维决策人员更好地分析用户，对用户进行分类从而采取不同的用户策略。从结果中，不难发现各类用户的占比，这些信息可以帮助相关人员了解用户的整体分布情况，从而了解当前电商平台的实际运营状态。同样，结果中可以看到"R"和"F"两个维度单独划分后的用户占比。此外，还能看到结果中的一些箭头，表示可能存在的用户生命周期状态的改变，用于辅助业务决策来制订相关决策目标，如将一些一般用户转化为 MVP 用户。

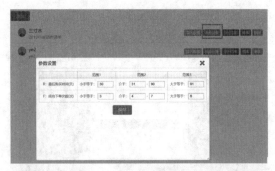

图 7-2-7　RF 模型参数设置

图 7-2-8　RF 模型分析结论导出结果

（6）鼠标滑动到每一个模块，可显示出该模块的详细信息，例如，本次 RF 模型分析出的 MVP，即在 2019 年内，最近一次购买时间在 30 天以内的，并且总购买次数大于等于 8 次的用户，有 12 位，如图 7-2-9 所示，这 12 位用户消费总金额高达 10 万元，占年度用户总消费额的 18.98％，可见这 12 位用户是该产品最忠诚的用户，此时可以采取一些奖励方案，以确保这些用户来年对产品的热情不会消退。

图 7-2-9　MVP 详细信息

RF 模型把用户划分为 9 种状态后，可以帮助电商企业管理者了解在某个时间段企业发展用户的质量情况，还可以与历史进行对比，了解该产品的用户质量是否有所下降并做出商务上的策略调整。

◆ 7.2.2　RFM 模型分析

如果说用户生命周期是针对整个企业或者电商平台用户现状的一个宏观描述，那么用户生命周期则更聚焦于特定的用户,是一个更微观的描述。通过对用户生命周期进行分析,可以帮助企业更清晰地了解每个用户个体的情况和变化趋势,以便使企业更好地针对不同个体情况调整运营策略,达到最好的业务目标效果。

在进行用户生命周期分析的过程中,也有与之相对应的模型来帮助电商企业开展相关工作,那就是 RFM 模型,其中"R"仍表示离某个时间点最近的一次消费,是一个"近度"的概念,"F"仍是指某一段时间的消费频率,为"频度"维度。这两项和 RF 模型中考虑的维度一致。但在用户生命周期分析的过程中,我们还要考虑另一项内容,那就是"M"(monetary),也就是对应这段时间的消费金额,为"额度"概念。通过这三项基本指标可以对用户个体的生命周期情况进行分析。可以使用这三个维度进行立体空间的构建,如图 7-2-10 所示,并将用户的按各维度划分的数据在空间中进行标记,分析各个用户所在的空间位置。

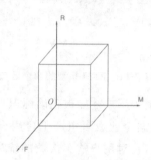

图 7-2-10　RFM 模型用户生命周期分析空间

RFM 模型是一个很通用,又有一套科学理论的商业模型。RFM 模型分析方法不需要烦琐的数据支持,一般情况下只需要四个字段便能进行数据分析,这四个关键字段分别为客户名称、交易日期、交易次数及交易金额。如果这四项数据能够收集到位,便可以使用 RFM 模型对用户生命周期进行分析。

建立了用户生命周期分析空间之后,就可以考虑其具体的意义和价值了,还可以针对不同区域的用户进行定义、划分。如果将这些用户的行为简单地进行好、坏的划分,三个维度的得分就能形成一个三维向量结果,可以将空间划分为 8 个区域,如图 7-2-11 所示。这里如果对三个维度进行排序,很容易得到一种用户状态。例如,三项指标皆较好(即最近消费时间近、消费频率高以及消费金额大)的用户显然属于重要客户。这里还可以根据不同的指标再度进行划分。

重要保持客户:最近消费时间较远,但消费频率及消费金额均比较高的用户。

重要挽留客户:最近消费时间较远,并且消费频率较低,但消费金额较大的用户。

重要发展客户:最近消费时间较近,消费频率较低,但消费金额较大的用户。

重要价值客户:最近消费时间较近,消费频率及消费金额均比较高的用户。

这样,商家可以针对不同类型的用户采取不同的挽留措施,以提高产品的转化率。

同理,如果三项指标分别为好、坏、好,则表示最近消费时间较远,但消费金额和频率都很高,显然这样的用户需要长期维护和重新激活他们的消费行为。当然,在实际应用过程中,可能不只是简单的好、坏两种状态,因为评价体系可能会分为更多的情况,从而产生更加细化的分类和定位。

如果利用 Excel 进行计算的话,需要进行以下步骤:

首先,制订统计标准。虽然已经有了需要统计的基本数据和维度,但还需要对维度进行

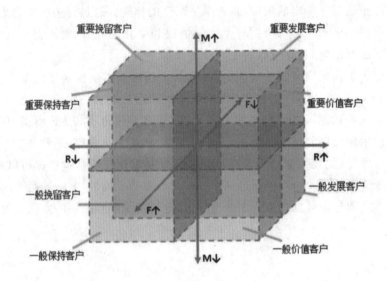

图 7-2-11 RFM 模型的 8 个区域

细化划分，这样，散落在维度空间中的用户才能被正确标识，所以这里需要进行标准化定义，当然，进行定义划分的颗粒度是根据企业或者电商平台用户的实际情况来确定的。举个例子，如果是一家经营日用品的企业，它对用户购买次数的统计划分可能就应该是 3 个月内 5 次以内、5 次到 10 次及 10 次以上，然而对于家电企业，其统计范围可能就需要划分为 2 年内 0 次、1 次和 1 次以上。

　　在确定了统计划分标准后，需要将数据进行整理。通常情况下，收到的数据都只记录交易发生的时间，需要数据分析者自己通过用户名来将相关购买记录进行分组合并，从而得到用户购买次数，但有时可能出现用户重名情况，所以最好使用用户的唯一标识来进行处理。除了用户购买次数以外，还需要将其他的一些数据进行整理，例如时间段内的购买次数，需要结合购买时间进行进一步细化的统计。之后还需要对这些消费的金额进行求和计算，来完善金额方面的数据。此外，还要结合用户最近一次购买的时间和统计周期时间来进行计算，算出最近一次购买在统计周期内的时间间隔。

　　最后，还需要将不同维度的数据进行多条件的对比、分类，用于确定每个用户的各项维度指标处于哪个范围，从而去决定该用户属于哪个用户生命周期阶段。

　　从上述步骤中不难看出，如果使用 Excel 进行相关数据分析，其过程十分烦琐，需要对数据进行筛选、分组、合并等操作，而采用上述育景大数据平台，我们可以更简便地获得 RFM 模型的分析结果，步骤如下。

　　（1）在平台首页单击"会员分析"进入"RMF 分析"，如图 7-2-12 所示。

　　（2）设置参数，如图 7-2-13 所示。

　　（3）导出结果如图 7-2-14 所示。

　　这样简单几步操作，就能通过该平台软件实现用户生命周期的分析，以帮助后期用户策略的制订和执行。可以看到，最后通过三个维度的分类分析，直接就能得到八项分类结果，对应之前介绍的八类空间分布，可帮助运维人员确定各个区间的用户人数和其总消费金额。同时，系统还能智能地根据当前用户分布情况给出电商平台的现状分析和改善建议。

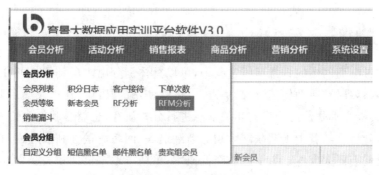

图 7-2-12 "会员分析"下的"RFM 分析"

图 7-2-13 RFM 分析参数设置

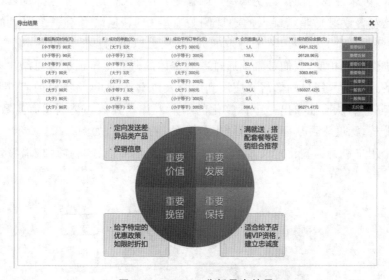

图 7-2-14 RFM 分析导出结果

技能实训

这里,我们介绍了如何利用用户生命周期的 RF 模型和 RFM 模型对某个时间段内所有用户进行分类分析,并针对不同类型的用户采取相应的措施来增强用户的黏性。作为参考,可以按照上述操作方法,尝试分析商务网站的案例,分析该网站或店铺的重要用户价值,可以重点发展、挽留及保持的用户有哪些。

7.3 用户画像

在网店或者电商网站的日常运维过程中，可以具体划分出多项具体任务和主要职责，包括流量增长、内容维护、活动促销、产品信息等，虽然使用的具体工作以及最后要实现的目标有所不同，但其核心都是针对用户的相关信息进行分析研究，也就是我们常说的针对用户画像进行进一步分析。随着中国互联网热潮的渐渐退去，网络流量红利效应逐渐消散，现在想要获取大流量就需要大成本。为了能够降低成本，更精准地定位到相关受众人群，我们就需要进行精细化运营。在这个过程里，我们可以使用一些理论和工具，如应用用户画像体系，通过该体系可以有效提高用户黏度。

7.3.1 用户画像的概念

"用户画像"(user persona)这一名词最早由交互设计之父 Alan Cooper 提出，它是泛指建立在一系列属性数据之上的目标用户模型，通常情况下是指产品设计、运营人员从所有的用户群体样本中抽象总结出来的典型用户特征。这个描述本身可能也有些抽象，简单地说，就是将所有用户最普遍的特性总结提炼出来，形成一个抽象的特定人物形象。举个例子，针对某化妆品销售网店，相关运维人员可以根据用户信息来甄别发现，其主要用户是年龄在20到30岁的女性，这样的用户通常也在别的网店购买一些护肤品。这样我们就可以进行一个典型用户画像，可以说我们的销售受众用户画像是年龄在20到30岁之间的女性，并喜欢购买护肤品。这与警察对犯罪嫌疑人的心理侧写有些相似，但二者有一个明显的差别，那就是，警察的心理侧写是为了找出一个特定的人，是从大范围的群体定位到单个个人，而我们所说的用户画像刚好相反，我们是希望通过一些个体的研究将特征提炼总结出来，从而推广应用到更多的人身上。用户画像需要应用到用户人口学特征、网络浏览内容、网络社交活动和消费行为等信息，从而抽象出一个标签化的用户群体。其核心是利用海量数据和用户行为日志进行分析，深度学习从而总结归纳出相关的用户画像，如图 7-3-1 所示。用户标签可以用来对一个用户进行标签化定义，如该用户的性别、年龄段、购物习惯、消费水平、其他偏好习惯等。

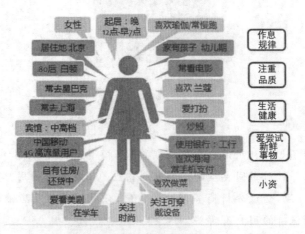

图 7-3-1 用户画像

在了解了用户画像的基本内容后,我们有必要进一步学习了解用户画像的主要内容及其作用范围。用户画像作用范围如图7-3-2所示,其在企业发展的过程中有举足轻重的作用,主要可以帮助我们在精准营销、用户分析、数据应用和数据分析四个方面实现较好效果。

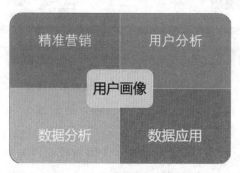

图 7-3-2　用户画像作用范围

最重要的就是精准营销,这是最普遍的运营策略。在从比较粗放的管理策略到精细化运营的过程中,需要将用户群体切割成更细的粒度、维度并分组,结合短信、推送、邮件、活动等手段,配合关怀、挽回、激励等策略。针对不同的用户应采用不同的策略方针,来达到更好的营销效果,也就是我们现在常听到的"千人千面"的意思。

此外还需要进行用户分析。用户画像也是了解用户的必要方式。一般在产品初期,产品经理们通过用户调研和访谈的形式了解用户,但在产品用户量扩大之后,调研的效用便会降低,此时就可以配合用户画像进行研究。研究方向包括新增的用户有什么特征,核心用户的属性是否变化,等等。用户分析示例如图7-3-3所示,可以针对用户画像不断优化产品或者电商购物流程,通过不断迭代,逐渐优化用户体验,找到目标人群,提高转化率。

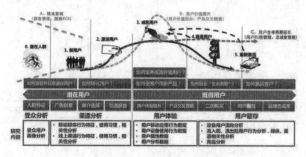

图 7-3-3　用户分析示例

数据应用是指,根据分析结果,通过定向的营销活动投放,提高投入产出比,如针对年轻成年女性投放化妆品广告,针对中老年人推送保健品信息会得到更好的效果。当然,这些是我们可以通过常识去思考处理的,但通过用户画像或标签不仅可以帮助我们构建这些比较明显的内容,往往还能使我们通过机器学习和一些深度学习的方法进一步对用户的购买行为进行分析处理,从而得到意想不到的效果,就像沃尔玛发现的啤酒与尿布的关联性一样。

数据分析时,用户画像可以理解为业务层面的数据仓库,各类标签是多维分析的天然要素。数据查询平台会和这些数据打通,最后辅助业务决策,如图7-3-4所示,通过针对用户行为进行分析并结合用户画像,来对类似用户的行为进行预测。

在了解了用户画像的基本内容后,可以进一步了解用户画像包含哪些类型。用户画像可以更具差异性的业务属性来进行划分,并可划分为多个类别模块。通常可以根据人口统计、

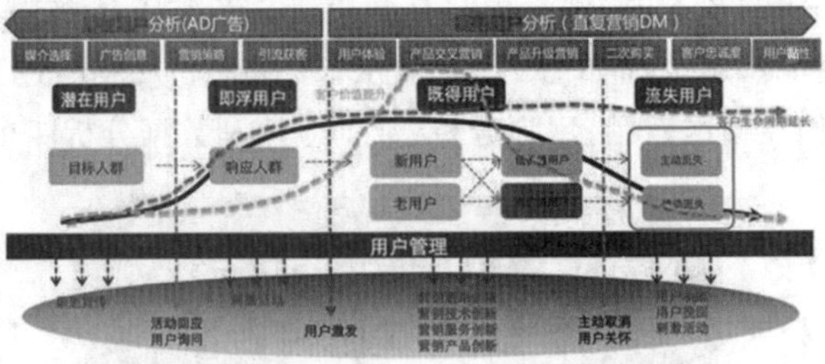

图 7-3-4 用户行为分析结合用户画像

社会属性等来进行划分。当然除此之外，还可以用户消费画像、用户行为画像、用户兴趣画像等来进行划分。

用户画像示例如图 7-3-5 所示，通常情况下人口属性和行为特征是大部分互联网公司做用户画像时必需的，在该用户画像过程中，通常会包含：①人口属性，主要指用户的年龄、性别、所在的省份和城市、受教育程度、婚姻情况、生育情况、工作所在的行业和职业等；②行为特征，主要包含活跃度、忠诚度等指标。

人口统计	社会属性	用户消费	用户行为
基本属性	家庭属性	消费属性	活跃属性
姓名	家庭组ID	3/7/15/30日内消费金额	3/7/15/30日内登录次数
性别	家庭类型	3/7/15/30日内消费次数	3/7/15/30日内登录时长
出生年月	家庭人数	3/7/15/30日内消费广度	3/7/15/30日内登录深度
籍贯	家庭小孩标签	首次消费时间	行为属性
婚姻	家庭老人标签	最后一次消费时间	3/7/15/30日内评论数
学历	家庭汽车标签	消费间隔频次	3/7/15/30日内点赞数
注册	公司	价值属性	3/7/15/30日内收藏数
手机	公司ID	价值指数	3/7/15/30日内浏览数
邮箱	工作地点	流失指数	偏好属性
注册渠道	公司行业	忠诚指数	价格偏好
注册方式	公司职位	消费周期	类目偏好
注册时间	收入	潜在用户标签	特征偏好
	终端设备	新客标签	下单时间偏好
	手机设备ID	老客标签	风险
	手机类型	VIP用户标签	欺诈风险
		流失用户标签	退换货风险
			黄牛风险

图 7-3-5 用户画像示例

当然，除通常使用的普遍特征外，用户画像包含的内容不完全固定，根据行业和产品的不同，其所关注的特征也有所不同。

如果是以内容为主的媒体或阅读类网站，用户画像所注重的内容会与电商网站有所区别。搜索引擎或通用导航类网站往往会收集用户对浏览内容的兴趣特征，比如体育类、娱乐类、美食类、理财类、旅游类、房产类、汽车类，等等。

针对社交网站的用户画像，也会提取用户的社交网络，并从中发现关系紧密的用户群和在社群中起到意见领袖作用的明星节点。通过这些关联性可以进一步扩展用户联系触角，建立更完善的用户网络。

此外还需针对电商购物网站的相关用户进行处理。通常情况下，用户画像分析会去提取用户的购物偏好以及消费能力范围等指标。购物偏好包括用户在网购时的类目偏好，比如服饰类、箱包类、母婴类、洗护类、饮食类或者其他兴趣爱好等。消费能力是指用户的购买力，即购买能力与消费水平。同样一类商品会有不同的品牌和价位，通过对用户购买能力进行分析，可以知道该用户处于什么水平，大致会购买什么价位的产品。当然，在实际操作中，为了更全面地进行消费水平定位，一般会把用户的实际消费水平和每类产品的价位进行区分,确认某类产品为低端产品、中端产品或高端产品,然后和个人的消费能力进行匹配。

除此之外,还有其他行业领域,会有针对自身领域的相关用户画像,该类画像只有其自身领域才会涉及,也有其自身领域相关的特性。例如,金融领域一般会对用户进行风险画像,其中涉及的特征属性包括征信、违约、洗钱、还款能力、保险黑名单等。进行能力评估时,还需要考虑其他环境因素对个人风险画像评估的影响,这样整个用户画像的绘制才会更加精准和有可参考性。

◆ 7.3.2 绘制用户画像

在了解用户画像的基本概念之后,我们就可以开始进一步学习了解如何绘制用户画像了。业内有很多关于创建用户画像的方法,比如 Alen Cooper 的"七步人物角色法",Lene Nielsen 的"十步人物角色法"等,这些都是在行业内普遍使用的用户画像绘制方法,十分专业,并值得我们借鉴和学习。

这里我们可以先了解一下"七步人物角色法":

(1)发现并确认模型因子:典型用户集群的行为变量集合。

(2)访谈目标用户:将访谈对象和行为变量一一对应,定位到某个范围的精确点。

(3)识别行为模式:在多个行为变量上看到相同的用户群体,即同一类用户群体的显著行为模式。

(4)确认用户特征和目标:从数据出发,综合考虑细节,描述潜在使用环境、使用场景和当前产品的不足、用户不满等。

(5)检查完整性和重复性:检查人物和行为模式的对应关系,是否存在重要缺漏,是否缺少重要的典型人物,是否缺少重要的行为模式等。

(6)描述典型场景下用户的行为,即表述模型:虚拟事件和用户的反应,介绍用户角色,简略勾画关注点、兴趣爱好以及工作生活中与产品的直接关系等。

(7)指定用户类型:对所有用户角色进行优先级排序。

通常情况下,了解基础方法后,可以概括出整个用户画像绘制的步骤。可以分为三个基础环节:首先需要获取和研究用户信息;然后细分用户群;最后建立和丰富用户画像。在这三大环节中,不同方法最主要的区别在于对用户信息的获取和分析,从这个维度上讲主要有表 7-3-1 所示的三种方法。

表 7-3-1 不同用户画像方法对比

方　法	步　骤	优　点	缺　点
定性用户画像	1.定性研究——访谈; 2.细分用户群; 3.建立细分群体的用户画像	省时省力,简单,需要的专业人员少	缺少数据支持和验证
经定量验证的定性用户画像	1.定性研究——访谈; 2.细分用户群; 3.定量验证细分群体; 4.建立细分群体的用户画像	有一定的定量验证工作,需要少量的专业人员	工作量较大,成本较高

续表

方法	步骤	优点	缺点
定量用户画像	1.定性研究； 2.多个细分假说； 3.通过定量收集细分数据； 4.基于统计的聚类分析来细分用户； 5.建立细分群体的用户画像	有充分的佐证，更加科学，需要大量的专业人员	工作量较大，成本高

简单来说，定性就是去了解和分析，而定量则是去验证。通常情况下，如果需要进行定量分析，那么整个成本会较高，需要的专业技术人员也更多。定性研究则比较能节省成本。所以，其实创建用户画像的方法并不是固定的，往往是需要根据实际项目的需求和时间以及成本而定。针对创建用户画像的具体方法，并没有严格意义的最专业和最科学的方法论，需要根据实际的项目去定制和调整。

如何去评定一个用户画像是否优秀？要看在构建过程中是否很好地理解了用户的决策，包括用户购物路径和决策路径。理解用户的决策路径主要可以从五个角度来分析：

①优先动力，是什么样的起因让用户需要一款产品；

②成功因素，用户希望使用产品之后得到什么结果；

③可知障碍，用户不选择你的产品的原因是什么；

④买家历程，用户从有想法到产生结果之间经历了怎样的决策历程；

⑤决策标准，当用户在选择产品时最看重的是哪个因素。

想要构建好的用户画像，首先需要收集更为完善的用户信息。因为构建用户画像最终目标还是还原用户信息，而且所有的数据来源都应该是从用户信息上获得的，所以在构建用户画像之前需要对用户信息进行全面整合，获取用户的全部相关数据。

获取相关数据之后，就需要使用相关数据进行处理，最终为所有的用户打上标签，即进行用户分类和分组。需要注意的是，用户画像的目标是分析用户，并考虑每个标签所占的权重。举个例子，一个用户可以同时有多个标签，既是一个汽车迷，又是"铲屎官"，同时还是一个零食狂。这时我们就需要通过标签的权重来标识该用户更倾向于哪种，同时可以通过权重来表明该用户的各个标签的置信区间，也就是一个用户属于某种类型的可能性大小。

接下来要使用相关数据进行模型构建。一个事件模型包括时间、地点、人物三个要素。通常可以通过对各要素进行描述，如什么用户，在什么时间，什么地点，做了什么事，来构建事件模型。这里的用户、时间、地点、内容和事情会有其在数据处理特定场景下的不同意义。

用户：整个分析过程中最重要的因素，也就是用户的标识，其目的是区分用户及单点定位。

时间：时间可以包括两类重要信息，分别是时间戳和时间长度。时间戳通常是指一个时刻点，即发生用户行为的时间点；时间长度是指一定时间跨度内的用户行为，如在某一页面停留时间。

地点：用户接触点（touch point）。每个用户接触点潜在包含了两层信息，即网址和内容。对于每个特定的页面都可以有一个对应的地址来进行识别，不同页面地址的访问人数和停留时间可以用来表示该页面的受关注程度。

内容:每个网址(页面/屏幕)中的内容。可以是单品的相关信息,如类别、品牌、描述、属性、网站信息等。对于每个互联网接触点,其中网址决定了权重,内容决定了标签。

事情:也就是具体的用户行为,可以根据具体内容进行类别划分,如浏览、添加购物车、搜索、评论、购买、点赞、收藏等。

需要注意的是,用户标签的权重不是不变的,它会随时间的变化而变化,可能加强或者减弱。通常我们会定义时间为衰减因子r,通过相关行为类型、访问地址等因素决定其权重。内容决定了标签,从而进一步影响权重。

具体的转换公式为

$$标签权重=衰减因子×行为权重×网址权重$$

在进行用户画像绘制的时候也要注意,不能把典型用户当作用户画像。每年的微信生活白皮书中,微信官方都会公布典型用户的一天,如图 7-3-6 所示:工作日每天早上 7 点起床刷朋友圈;7:45 出门路上读文章,等等。很多用户看了后,会感到这就是在描述自己的生活,当然也会有不少用户觉得和自己的实际情况完全不符合。之所以会出现这样的情况,是因为"典型用户"与"用户画像"的概念极容易混淆。以上描述典型用户的这些特点,只是把用户特征抽象出来,组合在一起,事实上典型用户是虚构的,并未真实存在。用户画像则是把用户以标签的形式表现出来,每一个真实存在的用户都有对应的用户画像。

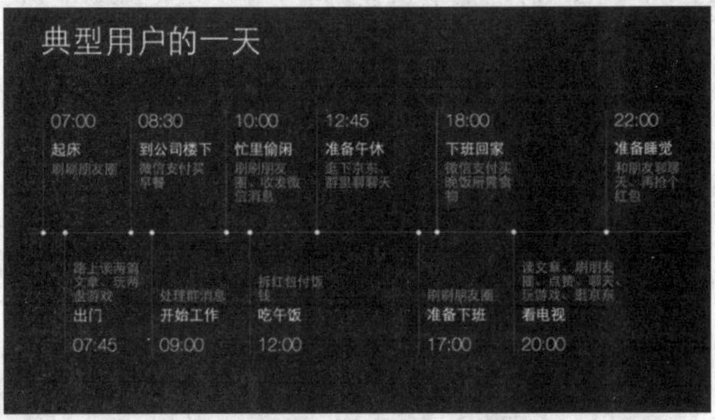

图 7-3-6 微信官方公布的典型用户的一天

此外,我们还要注意用户画像和用户标签的区别,50%以上的人都可能存在错误认知,即把用户画像简单理解成由用户标签构成。用户标签是用来概括用户特征的,比如姓名、性别、职业、收入、养猫、喜欢美剧,等等。这些标签表面上看没有什么问题,但是实际上组成用户画像的标签要跟业务或产品相结合。

如果你能够建立真正有效的用户画像标签,才算正确理解用户画像对于提升运营效果的作用了。这就涉及构建用户画像最大的难点了。

比如,某知识付费团队要卖课,那么建立用户画像最核心的诉求就是提高课程购买数量。如果能通过用户画像了解用户购买课程的意愿,然后采取相应的运营策略,效率便会大幅度提高,而这个购买课程意愿度,就是我们最需要放在用户画像里的标签。

比如,我们建立用户画像之后,计算出来甲购买课程的意愿是 40%,乙购买课程的意愿是 90%。为了进一步提高购买量,我们会对购买意愿为 40%的用户(甲)发放优惠券。如果没有建立这样一个用户画像标签,我们就会对甲和乙发放同样的优惠券,而乙原本是不需要用优惠券进行激励的,这么一发,便会增加很多成本。这也就是电商利用用户画像标签实现的大数据"杀熟"。

实训大作业

1. 实训背景

通过对网店中所有会员的年龄和地区分布进行分析,可以更有针对性地设计网店风格,上架更有吸引力的商品,并能按地区进行商品的精准推广。

2. 实训目标

(1)计算不同年龄段的会员数量,利用图表展现各年龄段占比。

(2)利用分类汇总统计会员的地区分布数量,结合图表分析数据。

3. 实训要求

收集并整理会员数据,将年龄段分为 25 岁以下、25～30 岁、31～35 岁和 35 岁以上区间,利用 Excel 统计会员相关数据,分析会员的基本特征,然后以图表的形式展现。

 项目小结

本项目介绍了用户数据的基本概念,以及用户数据对电商运营应用的重要性。此外,还进一步介绍了用户数据属性的定义,如何针对不同的用户属性进行分析,并进一步结合多个属性进行细化分析。在本项目中还介绍了用户行为分析的主要内容、目的和方法,可以让读者结合实际案例加深对用户行为的理解,最后引入了用户画像的概念,介绍如何为用户群体进行画像的绘制。

 复习与思考

1. 简述用户数据收集的交互过程并绘制相关过程图。
2. 简述"七步人物角色法"的主要内容。

项目 8

融会贯通：网店运营报告制作

项目概要

网店运营报告是网店数据分析过程与运营情况总结的最终呈现。网店运营报告的作用在于以特殊的形式将网店的运营数据展示给决策者，为决策者提供参考依据与数据支持。本项目旨在使读者通过掌握网店运营报告的内容及重要性，从制作流程入手，学会制作及分析网店运营报告。

学习目标

1. 了解网店运营报告的内容。
2. 理解网店运营报告的重要性。
3. 熟悉网店运营报告的制作流程。
4. 会分析网店运营报告案例。

8.1 了解网店运营报告

电子商务平台或网店的运营与实体行业类似,制作商业报告,一方面需要对电商行业进行分析,以便制订正确的经营策略和营销方案;另一方面也需要对网店的经营状况进行总结,以便发现网店运营时出现的问题。

◆ 8.1.1 网店运营报告的内容

网店运营报告包括五项准备工作,如图8-1-1所示:①决策难题是运营报告的"大脑",决定了报告的思路;②研究方案是报告的"骨骼",搭建了报告;③数据收集是报告的"血肉",丰富了报告;④数据处理与分析是报告的"经脉",平衡了报告;⑤图表呈现是报告的"皮肤",美化了报告。因此,网店运营报告是以方案为线索,以数据为原料,以图表为表现,通过数据处理和分析解决企业决策难题的实操过程。由此可见,网络运营报告包含的内容有方案、数据与图表。

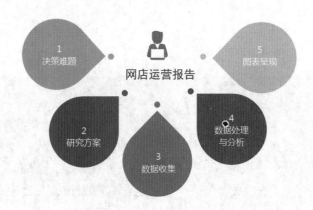

图 8-1-1　网店运营报告的准备工作

决策难题、研究方案基本都取决于网店自身,面对具体项目时,需合理取舍和灵活应用。数据收集和数据处理与分析在前文都进行了较为详细的介绍,在此不做赘述。图表是报告的外在表现形式,一图胜千言。准确严谨、制作精美的图表能使枯燥的数据变得直观,在传达信息的同时,还能突出重点,使报告更具说服力。因此,网店运营报告中图表的表现形式为最佳。

图表该如何绘制？首先要明白以下几个问题:

其一,表达的观点是什么？

其二,图表的哪种类型和观点相适合？

其三,怎样制作图表？

其四,该图表对观点的表达有何作用？

图表的呈现(图表分析)分为以下几个基本步骤,如图8-1-2所示。

(1)明确观点。

所谓明确观点,就是要清楚需要表达什么信息。同一事物,由于角度不同,最终的分析结论也就不同。"横看成岭侧成峰,远近高低各不同"就是同理。例如,表8-1-1所示的国内

图 8-1-2　图表分析步骤

电商投资额及其增长情况,从投资额看,电商自筹资金所占比重最大,电商利用外资所占的比重最小。从投资额变动看,外资的同比增长率最低,国家预算的同比增长率最高。以上同一个表格从不同角度看有不同的解读,因此,明确观点很重要。

表 8-1-1　国内电商投资额及其增长情况

资金来源	投资额/万元		同比增长率
	2008 年	2009 年	
国内电商贷款	27 896	39 847	42.8%
国内电商预算	8 004	12 674	58.3%
电商利用外资	5 271	4 612	−12.5%
电商自筹资金	148 569	210 874	41.9%
总计	189 740	268 007	41.2%

(2)选择图表的类型。

在 Excel 中"插入"选项卡上有许多种图表类型,如图 8-1-3 所示,每种图表的侧重点各不相同。比如,表达项目间的具体差异值时,比较柱形图比簇状柱形图更合适;对比条形图在表达二维对比关系方面比簇状条形图更具表达效果;多轴折线图表达多维信息更加直观。

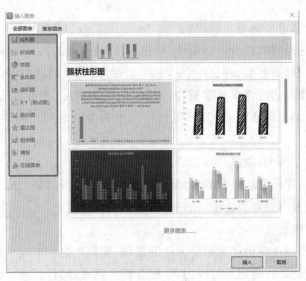

图 8-1-3　Excel 中的图表类型

(3)图表制作及表达确定。

选中数据区域并选定图表类型后,可在图表区域单击右键选择"选择数据"—"编辑数据源"进行数据的编辑及修改。如果数据运算复杂,则需专业的指导。另外,图表也需要有效的表达。

格式完整的图表包括以下部分:
①图表标题与信息标题:图表标题可以没有观点,信息标题要有一定的观点。
②坐标标题:说明坐标轴所代表的含义。
③单位:单位很关键,影响读者对数值含义的理解。
④图例:图例是对图表构成的说明,若图表构成简单或能够在图表内直观体现,可以没有图例。
⑤数据标签:若数据标签较多,为避免混乱,可以不显示或重点显示。
⑥资料来源:资料可信度、真实性、严谨性的体现。

◆ 8.1.2 网店运营报告的意义及分析思路

1. 网店运营报告的意义

网店运营数据分析成果不是用来自赏的,而是用来沟通的,所以需要写网店运营报告。数据分析师要指导企业决策,就要把分析成果有效地组织和呈现出来,形成报告。网店运营报告的意义如下。

(1)可作为融资计划的参考方案。

良好的网店运营报告既能向投资方清楚、简洁地陈述已有的解决方案和推广策略,让原本杂乱无序的需求和意见得以有效整理,使之更有层次,更为清晰、有条理。

(2)可提供用户对产品的反馈。

一份优质的报告能够清晰地展示出产品用户群体对产品的好恶以及对服务的需求,让网店明确用户需求并制订相应方案,提供更有针对性的服务,开发更受用户青睐的产品,使网店长远发展。

(3)帮助企业经营者了解企业的现状。

网店运营报告通过对数据分析的统计、转化,可以将企业的人、货、场转化为具体的经营指标和数字,如销售额、获客数、转化率、复购率、产品库存数、周转率等,电商企业经营者可以通过不同部门的指标达成情况来掌握整个网店的经营情况,还可以通过数字指标量化的评估方式,评估产品的当前水平,并且可以根据二维四象限法对产品或者销售进行类别划分,优胜劣汰。

(4)摸清竞争对手情况,做好应对策略。

网店运营报告可评估网店运营的质量效果,承载数据分析的研究成果,提供科学严谨的决策依据,阐述决策难题的解决之道,体现分析人员的价值能力。

(5)帮助网店实现收益的增长。

大数据时代的发展过程中逐渐衍生出精准营销、销售预测、"千人千面"个性化商品推荐(推荐算法)、商品智能补货或定价等应用,数据分析人员可以利用各类大数据工具来帮助网店实现"收益>投入"的预期。

(6)及时地发现网店的问题,并对网店未来发展方向进行预测。

编制网店运营报告能及时地发现网店的问题,对于业务运营过程中可能会出现的问题提出预警,将问题"扼杀"在萌芽状态,防患于未然,同时,通过数据分析工作可对网店未来发展方向进行预测。

2. 网店运营报告的分析思路

在制作网店运营报告之前,需要清楚报告的分析思路。报告的分析思路遵循"4W"模式,当店铺遇到某个决策难题时,分析工作要做得足够系统和深刻,也是要回答"4W"问题,由此产生从描述类到咨询类的四种报告(见表 8-1-2),随着"4W"问题的递进,分析难度也在递增,对网店的支持程度也在递增。

表 8-1-2 "4W"模型与数据分析的四种报告

数据分析的四种类型	对应 4W 模型中的研究问题	
	必 选	可 选
描述类报告	发生了什么事?	
因果类报告	1.发生了什么事? 2.这事为什么发生?	
预测类报告	1.发生了什么事? 2.未来如何发展?	为什么发生?
咨询类报告	1.发生了什么事? 2.应如何解决?	1.这事为什么发生? 2.未来如何发展?

网店运营报告主要分为四种类型,分别是:

(1)描述类报告,像记叙文,描述整个市场的轮廓,不求最深,但求最全。针对此类型的报告,我们必须在报告中表述清楚发生了什么。

(2)因果类报告,像议论文,抓住其中一点,深入探究,分析背后的成因。针对此类型的报告,必须阐述发生了什么事和发生的原因。

(3)预测类报告,像科幻小说,根据市场现有情况推测未来市场的变化。针对此类型的报告,我们必须阐述发生了什么事以及该事情未来的发展趋势,除此之外还可描述事情发生的原因。

(4)咨询类报告,像推理小说,投石问路,根据分析结论指导企业发展。针对此类型的报告,我们必须阐述发生了什么事以及该如何解决这件事,除此之外还可描述事情发生的原因以及未来发展的趋势。

以上四种类型的网店运营报告特征比较如表 8-1-3 所示。

表 8-1-3 四类网店运营报告的特征比较

报告类型	描述类报告	因果类报告	预测类报告	咨询类报告
研究目的	描述市场情况	识别市场变化的前因后果	把握市场趋势,发现潜在机会	获取解决方案
回答问题	谁、何时、何地、何事	为什么	未来怎么发展	如何应对
企业应用	报表、多维分析、警报	统计分析	预报、预测型模型	优化
	用于现象和问题的描述	原因挖掘、趋势预测及问题优化		
举例	周报、年报、季报、定期报告	专题研究	市场潜力分析报告、市场规模预测分析	综合分析报告

8.2 制作网店运营报告

严格来说,网店的运营报告结构非常复杂,因此在制作网店运营报告时,需要明确网店运营报告制作的具体流程及网店运营报告的结构,然后根据这些内容制作一份完整的网店运营报告。

◆ 8.2.1 网店运营报告制作流程

写好报告首先要有好结构。好报告要容易阅读和理解,在结构上就要求重点突出、主次分明、层次明晰。报告结构并非模板化,不同的分析内容和阅读习惯,所要求的报告结构也不同。但是,好报告仍遵循一定的结构化思维模式。最经典的报告结构包括5个部分,如图8-2-1所示,分别是网店基本情况介绍、网店概况分析、网店经营策略分析、网店经营数据分析和对现有网店管理平台的建设性意见及建议。

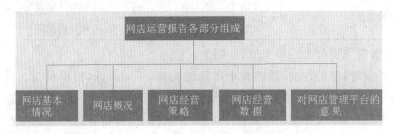

图 8-2-1 报告各构成部分

这里以奕福茶叶的运营报告为例,来理解报告各构成部分的内容和作用。

1. 网店基本情况介绍

在这一部分中需将网店的基本信息表现在报告里,主要内容包括网店名称、网店地址、掌柜姓名、开店时间、经营范围、经营业绩等基本信息,如图8-2-2所示。

```
一、网店基本情况介绍
1. 网店名称:奕福茶叶。
2. 网店地址:
3. 掌柜姓名:yifutea。
4. 开店时间:20××年7月30日。
5. 经营范围:奕福茶叶。
6. 经营业绩:最近半年线上交易154份订单,最近
一个月线上交易7份订单,最近一周线上交易2份订单。
主要为食品/保健类。
```

图 8-2-2 网店基本情况介绍

2. 网店概况分析

这部分需包含5个方面的内容,如图8-2-3所示。

(1)网店定位。

解释网店面向的消费者群体,例如,网店商品价格普遍较低,针对大学生群体,若商品价

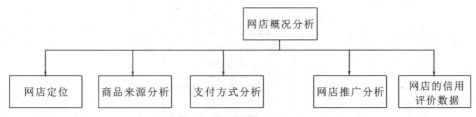

图 8-2-3　网店概况分析内容

格普遍较高,则可走高档路线,那么,网店商品主要面向的可能是上班族群体。

(2)商品来源分析。

需表述清楚商品的来源,如该商品是厂家直运还是实体店商品需对客户表述清楚,除了商品的来源,还需交代客户下单后网店对订单的处理时间以及每天网店的货运情况。除此之外还需要分析此类商品进货方式的优缺点,为后续网店问题诊断提供支撑。

(3)支付方式分析。

该部分需表达买家在本网店购买商品时可使用的付款方式,一般是支付宝、银行卡等基本付款方式。若是在当地销售也可采取货到付款的方式。

(4)网店推广分析。

这一部分的内容主要是针对网店所做的营销推广活动,例如对商品的命名、商标的设计、网站框架的布局、客户服务、促销活动等。

(5)网店的信用评价数据。

这部分主要有卖家的历史信用构成、信用评价展示、半年内动态评分、30 天内服务情况、买家使用分享、买家评价等内容。

3. 网店经营策略分析

这一部分可以针对网店的装修与布置,商品的优化、宣传和推广,以及为了吸引顾客所使用的各种商业手段和技巧进行详细描述。其具体过程(见图 8-2-4)主要是:首先确定所研究的问题及范围;然后根据问题查阅相关资料,找到理论依据;接着,对该理论进行分析,分别从两方面即外部环境和内部环境进行分析,并根据理论分析的结果对网店经营策略进行分析;最后得出结论并找到实行方法。

4. 网店经营数据分析

这一部分主要针对网店运营中存在的各种数据进行分析,并阐述这些数据对于网店运营的作用。此过程包含收集数据和展示数据两部分。

1)收集数据

此过程一般使用一些站内数据工具或者第三方数据获取软件,将网店的运营数据进行采集,一般需要收集网店的销售数据、流量数据、物流数据、订单数据,等等。

2)展示数据

展示数据主要是将采集的数据通过可视化处理将数据直观地展现在报告中,此类展示形式多样,可采用饼图、柱形图、表格等方式,目的是通过图表体现数据中所存在的问题。

例如,图 8-2-5 所示为某网店不同页面出店率的统计,从图中可看出自定义页的出店率最高,反映了该自定义页面对于顾客来说没有很大的吸引力,那么需要针对该页面进行美化升级。

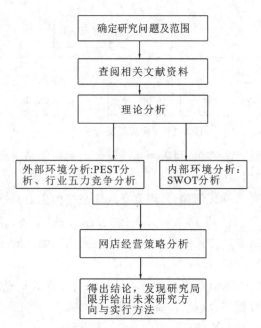

图 8-2-4　网店经营策略分析具体过程

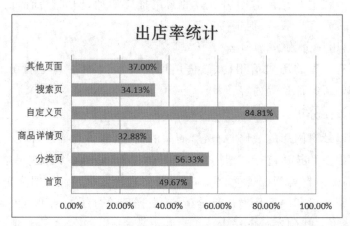

图 8-2-5　某网店不同页面出店率统计

5. 对现有网店管理平台的建设性意见及建议

该部分在于,对网店整体运营情况进行分析后得出结果,针对其中存在的问题与不足,采取相应的措施,提出相应的建议,比如,对于流程优化、功能建设的建议,相应规则的制定和服务定制以及针对市场合作等方面的建议。

除以上部分外,网店运营报告通常还包括两个部分,分别是主题页与附录页。

分析附录页的目的是使分析过程透明,保证分析结果的可追溯性和可复制性,附录页中常放置受访者的基本资料。

◆ **8.2.2　报告的论述**

一份优质的报告,除了完整的结构,良好的论述也是必不可少的。在论述报告时需要注意以下事项。

1. 数据可靠，界定严谨

优质的报告必然有可靠的数据作为支撑。一份报告的论述中，获取和整理数据的相关内容论述往往会占据一半以上的时间，其中包括规划数据、协调相关部门、组织数据采集、导出数据处理等，最终要确保结论的准确有效，从而辅助决策的执行。

至于界定，则是指对数据的来源、概念等应做出详细说明。不同的界定，会产生不同的结论。例如，针对同一个家电企业的市场占有率估计，不同的检测机构得出的结论往往是不同的。因此，严谨的界定会让受众清楚报告的分析基础和假设，从而正确理解并合理运用报告。报告论述过程中，数据的处理过程、来源、外延都要做进一步说明。

2. 用词准确，论证合理

但凡想要做出优质的报告，一定要用词准确，含糊用语不但会造成歧义，还会间接导致报告的失效。

下面案例中，用语是否恰当？

（1）改革开放以来，中国的电商产业市场蓬勃发展，到目前为止，中国的电商市场成为世界上最大的电商市场。

（2）2018年电商行业的金融政策仍然是以从紧为主，电商行业的态势仍然严峻。

案例（1）中，"最大"用语含糊，"最大"指的是需求量最大，还是建设规模最大，抑或是成交量最大，甚至是"泡沫"最大？

案例（2）中，"态势"一词用语含糊，是指融资态势，还是竞争态势，又或者是供求态势？

因此，用词准确能有力保证受众对报告的正确理解。除此之外，还要论证合理。报告应有理有据，结论是由数据得出的，数据是报告的根据。如果要得出电商行业发展趋势的结论，就不能用全国经济发展的数据。论证合理即要求数据与结论相匹配。

根据表8-2-1，某报告得出结论：2013年上半年该地区传统电商和跨境电商的销售额相差较大。

表8-2-1 某地区各类电商行业的销售额（单位：千元）

时间	传统电商	跨境电商
2013年1月	2 899	1 509
2013年2月	7 899	3 587
2013年3月	10 783	5 678
2013年4月	15 024	7 701
2013年5月	2 527	1 501
2013年6月	6 320	3 209

结论对比的是两种电商上半年的销售额，数据给的却是每月的销售额。数据对结论的支持作用不直接，如果把数据改为与结论相同的时间跨度，支持效果会更好，如图8-2-6所示。

3. 概念一致，标准统一

报告前后的概念和标准要统一。比如，关于一篇施胶剂的报告，前面说石蜡施胶剂是主流，后面说松香酸性施胶剂是主流，前后概念不一致，容易让受众一头雾水。标准统一，则是指分类标准应前后一致。

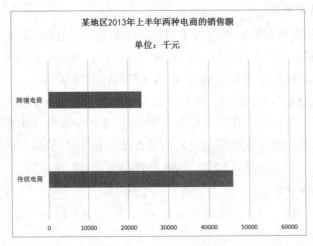

图 8-2-6　某地区 2013 年上半年两种电商的销售额

图 8-2-7 中,电商的分类标准不明确、不统一,使类别交叉,从而导致不可比。大型商品可能是日用品,也可能是电器类商品,因此,大型商品、日用品、电器类商品之间就丧失了可比性。

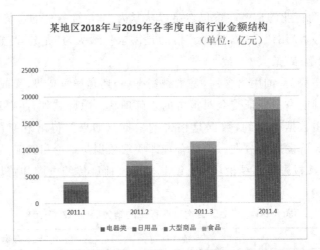

图 8-2-7　某地区 2018 年与 2019 年各季度电商行业金额结构

4. 直观呈现,通俗易懂

报告应力求简单直接,因此,最好图表化。用图表代替数字和文字有利于使受众更形象、更直观地理解分析过程和结论,即实现数据或文字的可视化。例如,图 8-2-8 所示的图表就达到了直观呈现的目的。

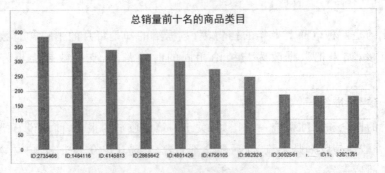

图 8-2-8　总销量前十名的商品类目

5. 结论准确，建议合理

每类报告都要有结论，而且必须有依据，没有结论就称不上报告，充其量只是个报表。除此之外，结论还要有可靠的依据，不能有妄自猜测性的结论。报告的价值在于给决策者提供参考和依据，因此，报告过程中不仅仅需要找出问题，还要有解决问题的建议。需要注意的是，在提出建议的过程中，需要结合业务，对市场进行细分，做各类市场的比较，选择适合的企业目标市场，针对其提出开展有效运营工作的建议。

实训大作业

1. 实训背景

通过数据调研、数据收集，将数据整合成一份报告，这是现如今许多网店都会进行的工作，撰写网店运营报告能够很好地体现网店的日常运营状况，通过制作运营数据报告，能够更加清楚地了解网店所存在的问题，从而指导网店运营。

2. 实训目标

(1) 掌握网店运营报告的基本结构。

(2) 掌握如何制作网店运营报告。

3. 实训要求

根据所学内容，针对网店的运营情况，撰写网店运营报告。

项目小结

本项目主要介绍了网店运营报告制作中关于数据图表的呈现及报告的撰写内容，通过具体的数据分析项目的运用，掌握制作网店运营报告的技巧，从而指导网店运营。

复习与思考

1. 网店运营报告主要包括哪些内容？
2. 网店运营报告应该侧重展现网店运营的哪些方面？

参考文献

[1] 廖衡.基于数据挖掘的电商用户行为分析研究[J].营销界,2020(34):61-62.

[2] 宋晓晴,刘坤彪.基于大数据分析技术的商业智能在电子商务数据分析中的应用[J].商场现代化,2020(20):29-31.

[3] 王嘉豪.大数据时代电子商务的机遇与挑战[J].产业创新研究,2020(17):52-53.

[4] 柏木吉基.如何用数据解决实际问题[M].赵媛,译.南昌:江西人民出版社,2018.

[5] 陈哲.活用数据:驱动业务的数据分析实战[M].北京:电子工业出版社,2019.

[6] 刘振华.电商数据分析与数据化运营[M].北京:机械工业出版社,2018.